Charles Stanley

Cherchez et trouvez la paix

Dieu promet une vie exempte
de regret, d'anxiété et de peur

CHERCHEZ ET TROUVEZ LA PAIX
Édition originale publiée en anglais par Thomas Nelson, Inc., Nashville, TN, É.-U., sous le titre : FINDING PEACE.
Copyright © 2003, Charles F. Stanley

Copyright © Édition française, 2006 Les Éditions du bon Maître
Tous droits réservés. La reproduction d'un extrait quelconque de ce livre, par quelque procédé que ce soit, tant électronique que mécanique, en particulier par photocopie et par microfilm, est interdite sans l'autorisation écrite de l'éditeur.

Les versets bibliques cités dans ce livre ont été tirés de la version Louis Segond. Copyright © Alliance Biblique Universelle. Tous droits réservés.

Les Éditions du bon Maître
214, rue St-Jacques
Montebello (Québec) Canada
J0V 1L0
Tél. : (819) 423-5604

Traduction : Pascale Monosiet
Infographie : Tandem Créations

Dépôt légal – 2006
Bibliothèque nationale du Québec
Bibliothèque nationale du Canada

ISBN 2-923535-01-4
ISBN 978-2-923535-01-4

Imprimé au Canada

TABLE DES MATIÈRES

Qui est maître de la situation? 5

Le fondement de toute paix 13

La paix de qualité que Dieu donne 23

Pourquoi sommes-nous troublés? 35

Cinq convictions essentielles pour vivre le cœur en paix 49

L'effet des pensées sur la paix 81

Vivre libre de tout regret 105

Disons adieu à l'anxiété 127

Creuser jusqu'aux racines de l'anxiété prolongée 141

Être en paix avec les autres 153

La réconciliation 169

Vaincre la peur 197

Vivre dans le contentement 219

*Je dédie ce livre à mes
deux pieux enfants, Andy
et Becky, dont l'amour
inconditionnel et les
encouragements ont toujours
été pour moi une source
de force, de joie et
de contentement.*

QUI EST MAÎTRE DE LA SITUATION?

« Je ne peux pas vous louer de voiture, Monsieur Stanley », me dit la femme debout derrière le comptoir, mais je ne saisis pas totalement le sens de ses paroles.
– Vous ne pouvez pas? demandai-je. Pourquoi pas?
– Je n'ai pas de voiture à vous louer.

Au cours des minutes qui suivirent, je dus faire face à une triste réalité : toutes les compagnies de location de voitures dans cet aéroport étaient à court de véhicules. J'avais planifié ce voyage pendant des semaines afin que tout aille comme sur des roulettes; du moins, c'est ce que j'espérais. J'avais attendu avec impatience ces moments où, seul avec Dieu, je photographierais de magnifiques paysages du Nord-Ouest. J'avais tout prévu… sauf la voiture.

Je pris donc un taxi pour me rendre à l'hôtel où j'avais, heureusement, une réservation. Je me dirigeai vers le restaurant pour y prendre une bouchée et faire le point. Les yeux fixés sur la fenêtre, je voyais tomber la pluie et je priais en silence : « Seigneur, tu règnes. » Il savait que je ne voulais pas rebrousser chemin et rentrer à la maison. J'étais fermement convaincu qu'il m'avait donné sa pleine bénédiction pour entreprendre cette expédition. D'ailleurs, une paix profonde m'avait habité lorsque j'avais tracé mon parcours et choisi les divers sites de mon circuit. Encore une fois, je songeai : « Dieu, tu règnes. » J'ignorais ce que je devais faire, mais j'étais certain que Dieu, lui, le savait. Je me sentais complètement dépendant de lui.

J'étais toujours assis à ma table, lorsque deux hommes passèrent près de moi; l'un d'eux me reconnut. Après s'être présenté et avoir bavardé un moment avec moi, il me demanda la raison de ma présence en Oregon; je lui racontai donc ma mésaventure. Il me rassura tout de suite : « Ne vous inquiétez pas. Nous avons trois voitures et nous serions ravis de vous en prêter une. Elle est en bon état. Elle sera à vous dans quarante-cinq minutes. »

Comme promis, moins d'une heure plus tard, j'avais à ma disposition une très jolie voiture. Dieu me bénissait par la générosité spontanée de cet homme qu'il avait placé sur ma route. J'étais reconnaissant envers cet étranger et davantage envers Dieu.

Pendant quelques jours, je vécus des moments fantastiques. À la fin de ma deuxième journée de photo, je décidai d'installer mon appareil à un endroit précis sur la côte de l'Oregon, pour y prendre un bon cliché d'un coucher de soleil. Arrivé à l'endroit choisi, qui était assez éloigné, je déchargeai mon équipement. Alors que j'étais près de la voiture, une dame d'un certain âge qui m'avait aussi reconnu s'approcha de moi. Après avoir discuté aussi avec elle quelques minutes, je transportai mon matériel à pied jusqu'au point stratégique. Je pris quelques photos du soleil couchant, puis je ramassai mes affaires pour regagner la voiture.

En glissant les doigts dans ma poche pour y prendre mes clés, quelle ne fut pas ma surprise : elles n'y étaient pas. Je cherchai dans mes étuis... aucune clé. « Ai-je échappé mes clés en parlant à la dame? » me demandai-je. Je regardai attentivement autour de la voiture... rien. La nuit commençait à tomber, j'étais seul dans le noir, et pour la première fois, je remarquai un grand panneau près du stationnement qui précisait : « Attention! Région dangereuse. Quittez les lieux avant la tombée de la nuit. »

« Génial! ai-je pensé. Je suis seul dans une région dangereuse à la nuit tombante. » Au même instant, j'aperçus les clés dans le contact de la voiture verrouillée. Soudain, mon cœur en fut bouleversé et je me dis : « Quelle bêtise, oublier les clés dans la voiture! »

Je priai : « Seigneur, tu sais où je suis, tu connais ma situation présente, tu sais ce que dit le panneau, tu vois les clés et tu *me* vois. Je *sais* que tu es entièrement souverain sur ma vie. Je n'ai pas la moindre idée de ce que tu feras, mais je sais que tu m'aideras. »

Je sentis alors que je devais faire le tour de la voiture pour vérifier toutes les portières, même si je l'avais déjà fait. Je tirai le loquet de la portière arrière, côté passager, et à mon grand étonnement, la portière s'ouvrit. Toutes les autres étaient verrouillées, à l'exception de celle-ci. Je pris les clés, lançai mon matériel dans la voiture et rentrai en louant Dieu jusqu'à l'hôtel!

Je passai deux magnifiques journées à photographier des sites pittoresques, avant de longer une rivière comptant de nombreuses chutes d'eau. J'arrivai à l'aube dans une région magestueuse. Cependant, la luminosité décevait mes attentes. En consultant une carte, je me rendis compte que j'étais tout près du mont Hood. Je ne pouvais pas le voir d'où j'étais, mais j'avais le pressentiment qu'en empruntant une route secondaire dans une certaine direction, j'atteindrais une clairière avec vue sur le mont.

Finalement, je l'aperçus, ainsi qu'un champ et des arbres au premier plan. Merveilleux! Je poursuivis mon chemin avec l'espoir de trouver une petite étendue d'eau qui m'offrirait le reflet de la montagne. À mon grand plaisir, je découvris bientôt un petit lac. Je pris à cet endroit quelques photos, puis je retournai à ma voiture avec l'espoir de retrouver mon chemin. C'est à ce moment que je regardai la jauge d'essence pour la première fois ce jour-là. Malheur, le réservoir était vide !

En réfléchissant au parcours que j'avais effectué pour me rendre à ce lac, je réalisai que je n'avais vu aucun poste d'essence de toute la matinée. J'ignorais totalement où je me trouvais. J'avais, en effet, emprunté les routes que je croisais lors de ma montée, cherchant la montagne et tentant de dénicher un lac.

Une fois encore, je m'adressai à Dieu : « Mon Dieu, tu règnes. » J'étais terriblement conscient d'être, pour la troisième fois cette semaine-là, dans une situation désespérée. Seul Dieu pouvait m'en tirer.

Quelques instants plus tard, un camion d'une société d'électricité passa tout près de moi. Le conducteur sortit de son véhicule, grimpa à un poteau pour effectuer une mise au point et en redescendit. C'est alors que je lui demandai : « Pourriez-vous m'indiquer où je pourrais trouver un poste d'essence ? »

« Poursuivez votre route un demi-kilomètre environ, tournez à gauche et vous y serez », me répondit-il.

Il me restait juste assez de carburant pour m'y rendre.

Si je n'eus pas rencontré ce travailleur, j'aurais suivi mon instinct naturel. J'aurais fait demi-tour pour retrouver les routes que j'avais empruntées, car je n'aurais pas pris le risque de m'isoler davantage en allant plus loin. Je savais qu'encore une fois Dieu avait pourvu à mon besoin d'une façon exceptionnelle. Il était vraiment souverain !

Au cours de la semaine, j'eus l'impression d'implorer la grâce de Dieu à chaque virage. « Je viens encore à toi, Seigneur. Je t'appartiens. Tu règnes sur ma vie et je te fais confiance. »

Je retournai à la rivière au cours de l'après-midi, et cette fois, la luminosité était parfaite; je pris donc d'admirables photos des chutes. Je me rendis compte que, si je n'eus pas effectué ce léger détour quelques heures plus tôt, je n'aurais pas seulement manqué une vue superbe du mont Hood, de ce poste retiré, mais pire encore, je n'aurais pas été témoin de la protection et de la provision miraculeuses de Dieu. Admirer les chutes fut un réconfort pour moi; c'était comme si le Seigneur me disait : « Tu vois, je veille sur tes pas; autant sur ceux qui semblent lourds de stress que sur ceux qui sont empreints de paix et de joie parfaites. »

En songeant à cette aventure, je constatai que jamais l'effroi, l'anxiété ou le souci n'avaient pesé sur moi pendant toute cette semaine. Je m'en voulus un peu de ne pas avoir réservé de voiture, d'avoir oublié les clés dans le contact et de ne pas avoir prêté attention à la jauge d'essence. À chaque incident, je m'étais demandé quelle était la meilleure chose à faire. Cependant, je n'avais vécu ni affolement, ni inquiétude, ni préoccupation. J'avais plutôt pris conscience d'un immense besoin que je ne pouvais combler par moi-même. J'avais été contraint de compter sur Celui qui pouvait résoudre tous mes problèmes.

Un Dieu plus grand que nos défis

Je suis convaincu depuis longtemps que Dieu m'aime, qu'il sait où je me trouve à tout moment et qu'il est plus grand que tous les problèmes que je pourrais rencontrer. J'ai la certitude que Dieu peut gérer toute situation, répondre à n'importe quelle question et surmonter toute difficulté. Il possède toutes les ressources de l'univers pour aider chacun de nous à traverser tout type de crise. Nous n'avons qu'à nous confier en lui.

Les nombreux défis que j'ai eu à relever jusqu'à présent m'ont valu la profonde *certitude* que Dieu maîtrise *toujours* la situation. Jamais il ne m'abandonnera, ni ne se détournera de moi, ni ne cessera de m'aimer. Il prend plaisir à me montrer, encore et toujours, qu'il est ma force, ma provision, ma protection et mon succès suprêmes. Je n'en ai aucun doute : Dieu dirige chaque seconde de ma vie.

Permettez-moi de vous poser une question : Qui dirige *votre* vie? Pourquoi cette question? La raison est simple : nous devons tous nous la poser pour trouver la paix dont notre cœur a désespérément besoin. Vous pouvez expérimenter ce que les Écritures appellent la *paix qui surpasse toute intelligence*, si, et seulement si, Dieu règne sur votre vie et si vous en avez l'inébranlable et ferme conviction.

> *Vous pouvez expérimenter ce que les Écritures appellent la **paix qui surpasse toute intelligence**, si, et seulement si, Dieu règne sur votre vie et si vous en avez l'inébranlable et ferme conviction.*

Pensez-y un instant. La direction dans notre vie est cruciale.

En effet, si vous êtes dirigé par la situation que vous vivez, vous ne pouvez pas trouver la paix, car cette situation peut vous dominer à tout moment.

Si vous êtes mené par des forces mauvaises, vous éprouvez certainement des difficultés.

Si une autre personne contrôle votre vie, vous pouvez être en paix pour un certain temps. Cependant, un jour, cette personne peut vous décevoir ou vous laisser tomber d'une façon ou d'une autre; alors la paix vous quittera.

Peut-être avez-vous l'impression de pouvoir vous assurer une existence paisible en dirigeant vous-même votre destinée. Pourtant, vous finirez par commettre une erreur ou par rencontrer quelqu'un qui chamboulera tous vos plans. Et vlan! Les problèmes avec un grand *P* seront à votre porte avant même que vous ayez eu le temps de vous retourner. À ce moment-là, vous constaterez que l'espoir de créer et de maintenir votre propre sérénité était illusoire.

Et si Dieu dirigeait votre vie? S'il gouverne le navire, vous avez toutes les raisons d'espérer, d'être confiant, d'avancer avec assurance et de vous attendre à découvrir le meilleur de chacune de vos expériences.

Certains peuvent se demander : « Comment Dieu peut-il s'attendre à ce que je sois en paix tout en étant entouré d'avidité, de corruption, de colère, de menaces terroristes et d'autres formes de mal? » Est-ce réellement possible d'avoir le cœur rempli de paix authentique en vivant dans une société telle que la nôtre?

J'ai écrit justement ce livre pour répondre à cette question. Je rencontre partout des personnes qui expriment de diverses façons, souvent en refoulant leurs émotions, le besoin d'être en paix. Elles sont incapables de la trouver au sein d'une société qui semble vouée à l'autodestruction. Ne vous inquiétez pas, vous pouvez la trouver. Un homme, qui savait que Dieu est souverain sur toutes choses, l'a exprimé magistralement par une hymne. L'auteur trouva la paix du Seigneur à la suite d'un événement tragique. En effet, après avoir vu sa femme et ses filles se noyer au milieu d'une tempête, lors du naufrage de leur bateau, cet homme écrivit :

Lorsque la paix, telle une rivière, a croisé mon chemin,
Lorsque la douleur gronde, tels les flots de la mer,
Quel que soit mon lot, tu m'as appris à dire :

« Tout est bien, mon âme, tout est bien. »
(Horatio G. Spafford, *It Is Well with My Soul*)

Ma vie peut être, comme celle de milliers, oui, de milliers de personnes qui ont croisé mon chemin, un havre de paix au milieu de la tempête. Poursuivons notre recherche pour découvrir comment obtenir la paix.

2

LE FONDEMENT DE TOUTE PAIX

Il y a quelque temps, un membre de mon équipe et moi dînions dans un restaurant de la côte Ouest, avant de nous rendre à une conférence. Pendant le repas, je posai une question à notre serveuse qui semblait âgée dans la vingtaine : « Si vous pouviez demander à Dieu n'importe quoi, que lui demanderiez-vous ? »

Elle répondit sans hésiter : « Je lui demanderais la paix. »

Une larme perla sur sa joue lorsqu'elle nous raconta que sa grand-mère, qu'elle aimait tendrement, était décédée quelques jours auparavant.

Comme elle nous partageait son histoire, j'appris qu'aucun membre de sa famille ne croyait en Dieu. Elle-même ne l'avait pas rejeté consciemment, mais en réalité, elle ne connaissait pratiquement rien à son sujet. Par contre, elle savait qu'une profonde agitation l'habitait et n'avait pas la moindre idée de la façon dont elle pourrait calmer ce malaise; elle en ignorait même la source. Comme bien des gens, elle vivait un jour à la fois, sans vraiment donner ni but ni sens à sa vie. Cette femme représente bon nombre de nos contemporains qui suivent le courant de la vie en tentant de joindre les deux bouts. En effet, beaucoup de personnes cherchent en vain leur voie dans un monde qui n'a pas de direction à leur proposer. Elles surmontent tant bien que mal les obstacles de la vie et tentent d'y trouver un sens.

Beaucoup de femmes, tout au long de leur adolescence, sont mues par le désir de rencontrer « l'homme », le prince charmant qui les épousera, réalisera leurs rêves et remplira le vide qu'elles ressentent depuis longtemps. Néanmoins, la plupart d'entre nous savons que la majorité des conjoints estiment que leur partenaire respectif ne leur procure pas même un faible réconfort ni une légère satisfaction intérieure.

Inversement, de nombreux jeunes hommes grandissent en rêvant au succès – chacun lui accorde le sens qu'il veut. Ils font tous de leur mieux et luttent pour trouver la stabilité et le soutien dont ils ont besoin, mais au bout du compte, ils se retrouvent démunis. Les diplômes qu'ils obtiennent et les dollars qu'ils gagnent ne leur suffisent jamais. Ils finissent très souvent par se sentir incapables; les rêves qu'ils avaient nourris pendant leur adolescence s'envolent, et un jour, la réalité les frappe. C'est à ce moment que des questions surgissent, des questions telles que : « Quel sont le sens et le but de ma vie? » et « Est-ce qu'on nous a dit la vérité? »

Malheureusement, et trop souvent, aucune réponse adéquate ne convient au dilemme de l'être humain; rien ne peut expliquer le vide que nous ressentons. En outre, nous ne trouvons aucune raison valable pour nous efforcer de faire de notre mieux, puisque les épreuves de la vie nous font souffrir de toute façon.

La jeune serveuse du restaurant nous exprima sa souffrance par ces mots : « J'ai besoin de paix. » Certains diraient : « Je suis si seul. » et d'autres soupireraient : « Si seulement mon conjoint m'aimait comme il devrait le faire, je serais heureuse. » Voilà une pièce musicale aux innombrables variations, mais toujours la même mélodie : « Ça ne va pas, je ne suis pas heureux. Je suis troublé. Qu'est-ce qui ne va pas chez moi? »

La plupart des victimes de la pensée séculière moderne ressentent ce vide et ne l'associent pas à leur besoin de Dieu. Nous sommes constamment bombardés par ses prétentions qui débutent habituellement par : « Si seulement tu… étais plus mince, étais plus élégant, conduisais une Jaguar, habitais un meilleur quartier, gagnais plus d'argent… » Aucune des solutions « infaillibles » de cette liste, pas plus que les centaines d'autres qui nous sont suggérées, ne peut une fois pour toutes satisfaire notre soif intarissable.

La jeune serveuse avait raison : la majorité d'entre nous avons la profonde conviction qu'il nous manque quelque chose. Un mot englobe et décrit précisément ce besoin : la *paix*.

Maintenant, cher lecteur, en tant que pasteur depuis plus de quatre décennies, puis-je prendre la liberté d'être clair et franc avec vous comme le sont les prédicateurs du haut de la chaire? Tant et aussi longtemps que vous ne serez pas en paix avec Dieu, vous ne goûterez pas la vraie paix dans cette vie. Ce principe est l'un des plus fondamentaux des Écritures.

Le Dieu de paix désire être en relation avec vous

Le Dieu qui règne sur toute chose et qui fait partie de votre vie, que vous le reconnaissiez ou non, est le Dieu de paix. Celui qui se nomme *Jehovah Shalom*, le Dieu de paix, a accompli une merveille en créant l'univers et tout ce qu'il renferme. Il l'a délibérément conçu en fonction de son plan duquel *vous* faites partie.

> *Le Dieu qui règne sur toute chose et qui fait partie de votre vie, que vous le reconnaissiez ou non, est le Dieu de paix.*

C'est là que le bât blesse. Ignorer l'existence de ce plan ou votre inclusion dans celui-ci vous rend incapable de reconnaître les bornes que Dieu a placées le long de votre route. La solitude, le vide profond ou l'inutilité que bon nombre de personnes ressentent sont des signaux que Dieu a mis en nous. Ce vide est un message programmé par Dieu qui manifeste ainsi notre besoin de lui. Le Créateur dit à sa créature : « Sans moi, tu te sentiras toujours incomplet. Je suis le seul qui peut satisfaire tes désirs profonds. Je serai la source de ta paix. »

Selon son plan, il a créé l'être humain pour être en relation avec lui. Cette relation devait être caractérisée par l'amour, l'amour de Dieu envers nous et le nôtre envers lui. Par sa présence, Dieu devait nous protéger du mal et pourvoir à nos besoins, par amour. Ce concept judéo-chrétien est unique; il ne correspond à aucun autre courant de pensée.

Peu importe nos autres relations, notre situation dans la vie, ce que nous sommes et ce que nous avons fait, Dieu nous a conçus pour que nous jouissions d'une relation intime avec lui. Il savait que, dans cette relation, nous pourrions bénéficier du cadeau qu'il offre à tous ceux qui le suivent : une paix profonde et durable que lui seul peut procurer au cœur humain.

Cependant, certains d'entre vous avez un problème crucial par rapport à ce plan : soit que vous n'en avez jamais entendu parler, soit qu'on ne vous l'a jamais expliqué clairement. Vous l'avez peut-être rejeté pour une raison quelconque, il y a quelques années, et maintenant vous sentez un vide profond vous habiter. Vous savez que, *maintenant*, le moment est venu de trouver une solution à votre problème.

Lorsque j'étais jeune, j'ai eu besoin des explications d'un ami pour comprendre le plan de Dieu. Je lui suis très reconnaissant de me l'avoir exposé clairement. En résumé, il m'a dit que Dieu avait créé le monde par sa toute-puissance et son autorité, qu'il avait aussi créé l'homme et qu'il lui avait permis de jouir de sa création. Cependant, nos ancêtres prirent de mauvaises décisions, et nous avons continué d'agir de la même manière depuis lors. Ainsi, nous nous sommes rebellés contre les principes et les lois de Dieu, comme l'ont toujours fait les hommes et les femmes depuis des siècles. Autrement dit, nous péchons.

La puissance destructrice du péché

Que se passe-t-il lorsque nous péchons? Nous devenons égocentriques et nous nous éloignons de plus en plus de Dieu et de son plan. Peu à peu, nous nions le besoin de sa présence dans notre vie, nous commençons à suivre nos penchants égoïstes et nous n'écoutons plus la voix de notre Père céleste.

Nous n'arrivons pas à nous libérer de la douleur, de la souffrance, de la solitude et du sentiment d'éloignement. Pourquoi en est-il ainsi? Nous n'avons pas les ressources intérieures nécessaires pour procurer la paix à notre cœur troublé, et notre âme est dévastée. En fait, Dieu nous a créés pour voler comme des aigles, mais nous sommes devenus de misérables créatures terrestres qui ont perdu leur inclination instinctive à devenir ce que le Père céleste avait conçu pour elles. Comme nous ne sommes plus en contact avec notre Créateur, nous errons et cherchons vainement un but et un sens à notre vie. Quant à lui,

> *Dieu nous a créés pour voler comme des aigles, mais nous sommes devenus de misérables créatures terrestres qui ont perdu leur inclination instinctive à devenir ce que le Père céleste avait conçu pour elles.*

notre Père, il désire que nous soyons de nouveau en relation avec lui. N'est-ce pas aussi le désir de votre cœur?

Le dilemme qui nous tourmente est, en fait, une très bonne chose, puisqu'il ouvre une fenêtre à notre âme par laquelle notre Père, qui nous aime, peut entrer en contact avec nous. Combien de nos semblables traversent cette vie l'âme fermée à la possibilité que Dieu puisse intervenir dans leurs affaires? Comme la jeune serveuse, ils n'ont pas délibérément choisi de s'éloigner de Dieu ni de vivre dans la lutte et l'agitation. Ils ne connaissent tout simplement pas le sentier de la paix.

En réalité, je n'ai jamais rencontré quelqu'un qui s'est levé un matin en disant : « Je crois que j'ai envie d'être agité. J'aimerais que le monde qui m'entoure s'effondre. Aujourd'hui, je veux que le sol se dérobe sous mes pieds. » Non! Malgré que je connaisse quelques personnes qui semblent aimer vivre dans le désordre et le chaos, la plupart d'entre nous n'aspirons pas à ce genre d'existence. Nous ne *recherchons* pas le chaos. La majorité d'entre nous avons déjà entendu, au moins une fois, quelqu'un dire : « Si je pouvais connaître la paix pour un moment! » Au fond, notre cœur soupire après une paix durable, non éphémère.

Pourtant, trop souvent l'agitation nous envahit. Par exemple, récemment, j'étais à cheval lors d'une excursion photographique en montagne. J'avais atteint une certaine altitude, quand soudain ma monture se cabra comme si elle allait me projeter au sol. Ce cheval très doux avait pourtant le pas sûr, pas du tout nerveux ni exubérant. Je le fis reculer de quelques mètres, mais il s'agita de nouveau.

J'examinai le sentier devant nous et je n'y vis ni serpent, ni animal sauvage, ni danger apparent. Je fis encore reculer l'animal jusqu'à ce que nous soyons pratiquement coincés entre deux arbres. Je descendis de ma monture pour y regarder de plus près, et là, je compris le problème.

Le cheval avait mis la patte sur un énorme nid de guêpes qui le piquaient. Je m'enfuis immédiatement dans la direction opposée. Quelques secondes plus tard, j'entendis mon cheval haleter au-dessus de mon épaule, juste derrière moi. Il s'était enfui, lui aussi.

Avais-je l'intention de conduire mon cheval vers ce nid? Non.

S'agissait-il pour lui de subir un test quelconque? Non.

Avais-je constamment en tête tous les dangers que nous pouvions rencontrer sur le chemin? Non!

Est-ce que mon état d'esprit a fait une différence une fois que mon cheval eut mis la patte sur le nid? Aucunement. Il a été effrayé, moi aussi, et nous avons tous les deux déguerpi aussi vite que possible.

Les guêpes en colère ont tourbillonné autour de nous et elles nous ont piqués, même si je n'avais absolument pas l'intention de les déranger. Les conséquences étaient aussi réelles pour moi, et douloureuses pour mon cheval, que si j'avais planifié cette situation.

C'est la vie! Les malheurs et les désastres frappent et les problèmes surgissent aux moments les plus inopportuns.

D'après mon expérience, c'est de cette façon que les événements se déroulent pour bon nombre de personnes. Nous marchons aveuglément vers un nid de problèmes, puis nous sommes contraints de soigner de douloureuses blessures et d'essayer de retirer les dards en jurant de ne jamais plus être blessés. Enfin, nous réalisons que nous ne pouvons pas éviter les dangers qui surgissent sur notre chemin.

Cependant, une tragédie soudaine ou une perte personnelle peut nous révéler notre besoin d'aide, de réconfort et d'assistance, et c'est à ce moment que notre Dieu, plein d'amour et de bonté, peut ouvrir la fenêtre de notre cœur. Lorsque nous le lui permettons, Dieu se porte à notre secours en nous aidant à comprendre son plan.

Il nous enseigne à propos de son Fils, Jésus, qui est venu dans le monde pour vivre et mourir pour nous. Il nous apprend aussi une vérité étonnante : Jésus était à la fois Dieu et homme. Nous allons découvrir que, malgré le fait qu'il était sans péché, Jésus fut mis à mort, car les chefs religieux de son époque se sentaient menacés parce qu'il se disait le Sauveur du monde.

Après sa mort, il fit une chose que personne d'autre n'a jamais fait : il revint à la vie par la puissance de Dieu. Il triompha ainsi d'une réalité à laquelle nous aurons tous à faire face un jour : la mort. Il est ensuite retourné auprès de son Père dans les cieux, mais il a promis à ses disciples qu'il serait toujours avec eux et que sa paix ne les quitterait jamais.

Nous sommes avertis : nul ne peut mériter le ciel par ses propres efforts. Si c'était le cas, pourquoi Jésus aurait-il souffert jusqu'à la mort? Ainsi, l'essence du plan de Dieu pour chacun d'entre nous, de toute génération et de toute nation, c'est que nous réclamions sa miséricorde, que nous confessions nos péchés et que nous croyions en lui pour notre salut. Tel est le préalable fondamental à l'expérience de son fantastique et perpétuel don de paix.

En résumé, Jésus est le fondement de notre paix, car il comble le gouffre entre Dieu et l'homme. Les Écritures affirment qu'il est notre paix. En lui, nous jouissons de bénédictions exceptionnelles. En effet, nous sommes pardonnés (la culpabilité et la honte du passé ne sont plus), nous avons continuellement l'assurance de la présence de Dieu dans notre vie et, par-dessus tout, *sa paix*, le don que le Maître offre à tous ceux qui le suivent.

3

LA PAIX DE QUALITÉ QUE DIEU DONNE

Si vous êtes un étudiant ou un lecteur occasionnel de la Bible, vous avez sûrement remarqué que le point de vue de Dieu est souvent illustré par une comparaison. Par exemple, le Seigneur établit un contraste entre le riche et le pauvre et précise combien il est plus facile pour le second que pour le premier d'entrer dans le royaume de Dieu. Les Écritures enseignent que le bien nanti a tendance à s'appuyer sur sa notoriété, sa fortune, son statut social et ses relations pour entrer dans le royaume; tandis que le pauvre, qui ne possède rien de tout cela, doit compter sur la miséricorde de Dieu pour accéder au ciel.

Dans d'autres passages, les Écritures mettent en contraste l'ami et l'ennemi, le sage et l'insensé, la lumière et les ténèbres et, par rapport à notre sujet, la paix qui vient de Dieu et la paix qu'offre ce monde. « [...] je vous donne ma paix. Je ne vous donne pas comme le monde donne [...] » (Jean 14. 27).

En d'autres termes, le Maître déclare que la paix qu'il procure à ses disciples est différente de la paix qu'ils peuvent trouver dans le monde. Lorsque Jésus utilisait l'expression *le monde*, il désignait la société dans laquelle les hommes vivent ainsi que leur culture.

Avez-vous déjà navigué sur une mer agitée? Pour ma part, j'ai affronté des tempêtes à quelques reprises, et sincèrement, j'avoue que je n'ai aucune envie de revivre de telles expériences. À la surface de l'océan, les vents soufflent à soixante, quatre-vingt, cent, cent cinquante kilomètres à l'heure, pendant que la pluie fouette le navire, les éclairs déchirent le ciel, le tonnerre gronde et l'obscurité règne. Les vagues peuvent s'élever jusqu'à six, neuf, douze ou quinze mètres. Frappé par une tempête de cette nature, un navire risque d'être ballotté comme un bateau jouet dans une baignoire. À la surface de l'eau, une embarcation peut facilement se perdre dans la tourmente, alors qu'à peine trente mètres plus bas, sous la surface, tout est parfaitement calme. Il n'y a là aucun signe d'agitation, aucun bruit, aucun mouvement, pas même une ondulation ni un remous.

Ce phénomène étonnant me rappelle la paix de Dieu. Il me donne un aperçu de ce dont le Seigneur parlait quand il a promis à ses disciples de leur donner sa paix. Il leur a dit qu'ils seraient affligés dans ce monde, car ils suivaient le Maître. En fait, Jésus a affirmé que certains d'entre eux seraient persécutés parce qu'ils étaient ses disciples. Pourtant, il leur a promis qu'il ne les abandonnerait jamais et que sa présence constante leur permettrait d'expérimenter sa paix. Voyez-vous le lien entre sa présence et sa paix?

Je connais un homme qui, il y a une quarantaine d'années, était comme la serveuse de la côte Ouest. En effet, il était actif, travaillait avec beaucoup d'ardeur et se réservait du temps pour ses loisirs. Néanmoins, en me racontant sa vie, il me confia qu'il se sentait profondément seul. Il me dit qu'il avait tout essayé pour calmer sa douleur intérieure jusqu'à ce qu'un jour, un ami lui parle de Jésus et de la miséricorde de Dieu pour lui. Puis, l'homme ouvrit la porte de son cœur et y accueillit le Seigneur. Il m'affirma que, ce jour-là, sa solitude disparut et que, depuis lors, il demeurait dans la paix. Il insista sur le fait que cette paix l'habitait toujours quels que soient le lieu ou les circonstances où il se trouvait. La paix durable, profonde et insaisissable de Dieu ne l'a jamais quitté depuis.

La paix de Dieu ou la paix du monde?

Quel type de paix le monde nous offre-t-il? Certaines personnes semblent croire que paix, contentement et bonheur sont synonymes. Par exemple, je connais bien des jeunes de milieux aisés qui, dès leur jeune âge, fréquentent les écoles les plus réputées que leurs parents puissent leur offrir. Ils ont beaucoup d'argent qui, semble-t-il, sert invariablement à acheter de l'alcool et des drogues. Ils se rendent compte qu'ils peuvent attirer des gens plus qu'ils ne sont prêts à les choyer et ils finissent souvent par s'adonner à l'immoralité sexuelle.

Après leurs études – au cours desquelles ils n'apprennent que peu de choses pratiques et ne s'assagissent guère – leurs parents leur procurent un emploi bien rétribué dans « l'entreprise familiale ». Ils ont alors les moyens de vivre dans de magnifiques demeures ou copropriétés. Lorsqu'ils atteignent l'âge de vingt-cinq ans, ils sont las; ils ont tout vu.

Je suis certain qu'au fil de ces années, ils ont affirmé être heureux, peut-être même contentés. Cependant, je ne crois pas qu'ils qualifieraient leur parcours de paisible. Au contraire, je ressens si souvent, chez eux, l'esprit de désespoir d'une nouvelle génération qui recherche l'argent, les beaux vêtements, le sexe et l'avancement à tout prix. Cependant, au fond d'eux-mêmes, ces jeunes sont frustrés et insatisfaits, ignorant la source de leur vide. Lorsque je voyage et que je séjourne à l'hôtel, je traverse le bar en allant à la salle à manger, question de voir qui est là et de tenter de connaître les raisons pour lesquelles ils y sont. Je suis toujours étonné de constater que ces personnes ont rarement l'air heureuses, même si le panneau à l'entrée indique « Happy Hour ». Elles paraissent plutôt stressées, lasses, seules et assoiffées de relations, quelles qu'elles soient. Si vous demandiez à l'une d'entre elles ce qui la rend heureuse, vous pourriez être étonné par sa réponse. Récemment, l'une de ces personnes me dit que, si elle était en relation avec une personne qu'elle aimait vraiment et que celle-ci l'aimait aussi, elle serait heureuse. Elle ajouta que sa vie serait pleine de joie et de paix. Je lui répondis que j'étais d'accord sur le fait que le bonheur, la paix et la joie résidaient dans une relation, mais dans une relation avec Dieu et non avec un autre être humain.

Aux yeux de certains, avoir l'occasion de magasiner dans un immense centre commercial d'une grande ville, avec de l'argent plein les poches, est un ingrédient de la recette du bonheur, tandis que, pour d'autres, il s'agit de la pire façon de passer une journée. Pour certaines personnes, marcher seul sur un sentier dans une région sauvage et montagneuse est un moment de joie, alors que d'autres y voient une expérience redoutable, difficile ou fatigante.

Le bonheur et le contentement reposent entièrement sur la perception et les émotions propres à chacun. Rien ni personne ne peut rendre quelqu'un heureux ni le contenter. En effet, le bonheur et le contentement sont des états d'esprit qui proviennent de la perception que nous avons des autres et des circonstances, ainsi que de leurs interrelations avec nous.

Que l'on recherche le bonheur, le contentement ou la paix, les chrétiens croient qu'en fin de compte, la source de tous ces dons est Dieu. Vous rendez-vous compte, toutefois, que ces dons (ce *sont* bien des dons) sont des entités différentes? Ils sont dissemblables. Même les personnes les plus heureuses et les plus satisfaites admettent souvent, à contrecœur, à un moment ou à un autre de leur vie, qu'il leur manque quelque chose. La personne qui marche humblement avec Jésus sait que l'ingrédient essentiel à la recette du bonheur, du contentement et de la paix intérieure est la présence de Dieu.

N'oubliez pas qu'au fond, ce que le monde appelle *paix* n'est qu'une illusion, quoiqu'elle paraisse très concrète comme un mirage dans le désert. Un mirage ressemble à un plan d'eau, mais en réalité, il n'existe pas et, pour cette raison, il est inaccessible. Il ne peut absolument pas étancher la soif.

> *N'oubliez pas qu'au fond, ce que le monde appelle **paix** n'est qu'une illusion, quoiqu'elle paraisse très concrète comme un mirage dans le désert.*

Pour le monde, la paix est un sous-produit qui résulte de bonnes actions, de bonnes paroles, d'un bon emploi ou de bonnes intentions. Cependant, selon la Parole de Dieu, ces choses ne sont pas du tout des critères pour atteindre la paix. En effet, la paix est une qualité intérieure qui découle d'une relation avec Dieu. Quels en sont les bienfaits?

Quatre caractéristiques de la paix de Dieu

1. La paix de Dieu surpasse les circonstances

La paix de Dieu n'est pas une négation de la réalité. Dieu n'a jamais voulu que nous fermions les yeux sur aucune situation, pas même sur le mal. Il désire plutôt que nous affrontions la réalité par la foi, en ayant le cœur rempli d'une paix durable.

La paix de Dieu n'est pas une échappatoire pour fuir la réalité; elle ne nous paralyse pas et ne nous soustrait pas mentalement à la douleur et à la lutte intérieure. La paix n'est pas non plus une boisson qui émousse nos sens. Elle n'élimine pas non plus la responsabilité d'aborder les problèmes difficiles ou de traverser les situations ardues. La paix de Dieu est plutôt une fondation sur un roc solide, grâce à laquelle nous avons, au fond de nous, une assurance constante de la présence de Dieu, peu importe les larmes que nous versons et le chagrin qui nous accable. Le Seigneur règne! Sa joie qui émergera dépasse de loin l'agonie la plus profonde que nous pouvons vivre.

Une des raisons pour lesquelles Dieu permet que nous subissions des épreuves et que nous soyons affligés dans cette vie est la suivante : il veut nous montrer qu'il a le pouvoir de nous soutenir et de nous combler de toutes les bénédictions terrestres et de tous les bienfaits éternels.

La paix de Dieu a la puissance de nous garder et de nous servir d'appui au beau milieu de notre réalité. Dans son livre *Let's Roll*, Lisa Beamer raconte qu'elle fut témoin de la puissance de Dieu qui soutient tout et de sa paix qui embrasse tout, lorsqu'elle fut dévastée par la perte de son mari. Elle y décrit aussi comment une femme et un homme courageux firent la même expérience, le 11 septembre 2001, alors qu'ils étaient à bord du vol 93 qui s'écrasa en Pennsylvanie.

Tous les enfants de Dieu traversent des tempêtes au cours de leur vie. C'est précisément lorsque nous *traversons* une crise que la paix de Dieu se manifeste le plus clairement. Lors d'une des périodes les plus pénibles de ma vie, Dieu m'a tellement comblé d'effusions de sa paix que j'étais stupéfié de mon calme. En effet, il y a quelques années, notre assemblée vivait une crise majeure, et j'étais capable de me présenter devant des milliers de personnes tout en sachant que près de la moitié d'entre elles étaient « contre moi ». J'avais une telle sérénité et une telle confiance dans mon cœur que ce que les gens faisaient ou disaient ne m'importait pas du tout. Je savais sans l'ombre d'un doute que Dieu était avec moi et en moi, et qu'il me maintenait sur un nuage gonflé de sa paix et de sa présence. Je suis sorti de cette situation en avouant au Seigneur que j'avais du mal à saisir pourquoi je n'étais pas en colère. C'était un miracle! Je me sentais si calme.

Plus tard, en réfléchissant à cette expérience, j'ai compris pourquoi j'étais si tranquille. En fait, je pouvais l'être parce que je *croyais* que la puissance de Dieu en moi était plus grande que toute puissance qui pouvait s'opposer au plan et au but de Dieu pour ma vie. Un de mes passages favoris des Écritures est : « [...] celui qui est en vous est plus grand que celui qui est dans le monde » (1 Jean 4. 4).

Il arrive souvent que la paix soit plus manifeste au sein des épreuves et des afflictions que dans la joie. Je n'ai aucune idée de ce que vous vivez en ce moment. Vous portez peut-être le deuil d'un être cher; vous pleurez peut-être la fin d'une relation à laquelle vous teniez beaucoup; vous êtes peut-être en instance de divorce ou de séparation; peut-être êtes-vous gravement malade ou en convalescence à cause d'une blessure terrible; vous avez peut-être perdu votre emploi, vos économies ou vos investissements; votre douleur est peut-être si grande que vous ne pensez pas pouvoir y survivre; vous êtes peut-être blessé ou rejeté si violemment que vous ne croyez pas être capable de le supporter. Peu importe ce que vous vivez, je vous en prie, rappelez-vous que Dieu est votre paix; mettez votre foi en lui.

2. La paix de Dieu surpasse l'entendement

Vers la fin de sa vie, l'apôtre Paul – homme de Dieu qui a rédigé la plupart des épîtres du Nouveau Testament – adressa une lettre à ses amis qui habitaient la ville de Philippes. Bien qu'en prison, Paul leur écrivit : « […] la paix de Dieu, qui surpasse toute intelligence, gardera vos cœurs et vos pensées […] » (Philippiens 4. 7).

Autrement dit, nous ne pouvons pas toujours saisir la paix de Dieu, ni comprendre comment elle opère en nous. D'ailleurs, Dieu ne veut pas que nous la saisissions par l'entendement humain ou que nous l'expliquions de façon naturelle. Le fait que Paul était dans les chaînes, en prison, et qu'il exhortait tout de même ses amis à croire en la présence puissante de Dieu et en sa paix qui les garderaient dans les moments difficiles, était en soi renversant. Pour un observateur objectif, la paix est la dernière émotion que Paul aurait dû ressentir. Cependant, grâce à son expérience, le prisonnier savait de quoi il parlait. Il avait fait naufrage et avait été lapidé et fouetté à plusieurs reprises; il avait subi toutes ces souffrances parce qu'il suivait Jésus. Enfin, il connaissait une vérité fondamentale : la paix de Dieu, quoi-qu'elle soit mystérieuse et impossible à comprendre rationnellement, aide quiconque à traverser tout moment de sa vie, dans les jours ordinaires comme au milieu de n'importe quelle épreuve.

Dans la vie, il y a bien des choses qu'on ne comprend pas parfaitement. D'ailleurs, je suis très content de ne pas devoir connaître le fonctionnement de ma voiture dans les moindres détails complexes pour la conduire. Aussi, je suis heureux de ne pas être contraint de connaître tous les procédés de fabrication de mes divers appareils ménagers pour être capable de les utiliser. L'action de la paix de Dieu en nous – elle est à notre disposition et elle agit en nous – est beaucoup plus grande que la compréhension que nous en avons. La paix que Dieu nous promet est un don incomparable.

3. Dieu donne sa paix à tous ses disciples

La paix est-elle donnée à quelques personnes seulement? Est-ce un trait de personnalité dont un groupe restreint d'individus héritent à la naissance? Est-elle, au contraire, disponible pour tous? La réponse à ces questions est bien claire. En effet, le plan de Dieu inclut tous ceux qui mettent leur confiance en lui et qui le suivent. Tous ne vivent pas dans un foyer paisible ni dans un quartier multiethnique calme; tous les croyants n'habitent pas dans un pays en paix, exempt de luttes sociales et de conflits politiques.

Toutefois, la paix de Dieu est offerte à toute personne qui accepte Jésus comme son Sauveur, qui se détourne de ses péchés et qui mène une vie d'obéissance à la Parole de Dieu et au Saint-Esprit.

Dieu promet la paix et, comme je l'ai mentionné précédemment, ses promesses sont pour les hommes et les femmes de toutes les époques, de toutes les cultures, de toutes les nations et de toutes les générations. Dieu ne fait pas des promesses pour les annuler par la suite; il n'offre pas un don sans le livrer. Sa promesse de paix s'adresse à vous!

La Bible contient plus de trois cents versets au sujet de la paix. De la première à la dernière page, la Parole de Dieu révèle une vérité redondante : Dieu veut que vous soyez en paix avec lui, que par elle votre cœur soit en paix et que, pour autant que cela dépende de vous, vous soyez en paix avec votre prochain.

4. La paix de Dieu a été conçue pour durer

Pour vous, la paix est-elle fugace? Semble-t-elle intermittente? Quelle est la dernière fois où vous avez ressenti une paix intérieure profonde? Combien de temps ce sentiment a-t-il duré? Pourquoi avez-vous perdu votre paix?

Votre paix est-elle liée à un sommet spirituel ponctuel?

Avez-vous conclu que, dans votre vie perturbée, la paix ne survient que rarement? Avez-vous décidé de ne plus rechercher la paix? Vous ne cherchez plus la paix de peur d'être déçu de ne pas la trouver?

Dans votre vie, la paix peut-elle être une attitude, une réalité et un plaisir présent *la plupart* du temps?

En posant ces questions à plusieurs personnes au cours des dernières années, j'ai découvert que la majorité des gens croient que la paix est très éphémère; elle n'est pas « constante » dans leur vie.

En grec, le mot *paix* signifie « attacher ensemble » quelque chose qui est brisé ou disloqué. Je crois qu'il s'agit d'une illustration superbe de la façon dont les hommes et les femmes isolés – qui se sentent si souvent vides et déconnectés les uns des autres et de Dieu – peuvent trouver l'unité et la plénitude. Ils reçoivent la paix de Dieu lorsqu'ils sont unis à Dieu par la foi.

Le terme grec fait aussi référence au calme et au repos qui habitent le cœur et les émotions d'une personne imperturbable et inébranlable. *Paix* est synonyme de tranquillité, de sérénité, de calme; c'est un état de l'âme.

Vous vous demandez peut-être : « Monsieur Stanley, essayez-vous de me dire que je ne serai jamais renversé ou pris au dépourvu par une tragédie soudaine ou par une épreuve? » Non, ce n'est pas ce que je dis. En effet, les problèmes peuvent surgir si rapidement qu'ils nous prennent au dépourvu. Notre réaction première peut être la panique, l'anxiété ou la peur. Néanmoins, une personne en paix sent vite une puissance monter en elle et reprendre les commandes de sa vie. Cette puissance, c'est le Saint-Esprit lui-même qui s'adresse au cœur humain et le rassure en disant : « Je suis là. Rien ne m'échappe et rien ne surpasse ma force ou mon intelligence. Je suis avec toi; ne crains rien. »

Les disciples de Jésus ne sont pas immunisés contre les circonstances pénibles ou éprouvantes. Cependant, le Seigneur leur a promis que le Saint-Esprit serait présent pour les aider et, par conséquent, aucun problème ne doit les désorienter ou les écraser. Un problème peut n'être qu'un léger soubresaut dans le cours de votre vie. La paix qui vient de Dieu, profonde et authentique, peut devenir la norme de votre vie de tous les jours.

Dieu veut que vous ressentiez continuellement la paix, à chaque instant, une paix remplie de joie dans laquelle vous trouvez un sens à tous les domaines de votre vie. Il désire que l'anxiété et la frustration ne soient que des sursauts qui surviennent occasionnellement en temps de crise.

Si vous ne ressentez la paix que par périodes, seulement au cours des fins de semaine, des vacances et des pauses, par exemple, votre mode de vie n'est pas celui que Dieu a prévu pour vous. En effet, il veut que vous ressentiez continuellement la paix, à chaque instant, une paix remplie de joie dans laquelle vous trouvez un sens à tous les domaines de votre vie. Le Seigneur désire que l'anxiété et la frustration ne soient que des sursauts qui surviennent occasionnellement en temps de crise.

C'est simple, la norme de Dieu n'est pas une âme troublée, mais un cœur enraciné dans la paix.

4

POURQUOI SOMMES-NOUS TROUBLÉS?

Il n'existe qu'une seule façon de connaître une paix continuelle qui domine les circonstances : marcher par la foi. Par la foi, nous demandons à Dieu d'être présent dans notre vie, puis nous y croyons. C'est comme si nous déposions une somme d'argent à la banque et que, par la foi, nous rédigions des chèques en sachant que nous possédons les fonds nécessaires pour couvrir les retraits. Nous avons demandé à Dieu de nous accepter, de nous pardonner, d'être présent dans notre vie et de nous remplir de sa paix en permanence. Ainsi, nous n'avons qu'à vivre en nous attendant à ce qu'il fasse tout ce que nous croyons qu'il fera.

La foi est la confiance active et certaine en la présence et en la puissance de Dieu qui nous soutiennent et nous réconfortent en toute circonstance. La foi est le fondement de la vie dans la paix de Dieu. Néanmoins, certains problèmes peuvent nous voler notre paix. En voici quelque-uns :

Une peur soudaine

Laissez-moi vous raconter l'histoire touchante d'une femme qui a appris de façon douloureuse qu'une peur soudaine peut nous dérober notre paix.

Lorsque cette dame était enfant, sa mère l'avait préparée pour sa première journée d'école maternelle. Elle avait conduit sa petite fille à l'école et lui avait montré où était sa classe. Elle lui avait présenté son enseignante, et enfin, elle avait marché avec elle jusqu'à l'arrêt d'autobus où la fillette se rendrait matin et soir.

Le premier jour, avant de marcher avec elle jusqu'à l'arrêt d'autobus, sa mère lui avait mentionné de se rappeler que Jésus serait avec elle toute la journée, qu'il savait exactement où elle se trouvait. Puis, la mère ajouta, comme si l'idée lui était venue après coup, qu'il savait où sa fille devait être et qu'il l'aiderait à s'y rendre.

« Eh bien, me dit mon amie, lorsque l'autobus nous conduisit à l'école, il dépassa les locaux des classes de maternelle. Je pouvais voir ma classe et dès que je descendis de l'autobus, je fonçai dans sa direction. J'avais à peine fait quelques pas lorsqu'une enseignante m'arrêta et me dit que je ne pouvais pas emprunter ce chemin.

« Je lui dis que je voyais ma classe, mais elle me répondit que je devais prendre un autre chemin pour m'y rendre. Puis, elle pointa dans la direction opposée où plusieurs élèves marchaient ensemble et elle me poussa vers eux.

« Je n'avais pas la moindre idée de l'endroit où je me trouvais; ma mère ne m'avait pas fait visiter cette partie de l'école. J'étais une petite fille dans un immense groupe d'enfants qui marchaient dans un couloir, puis dans un autre. J'avais peur. Je me répétais constamment que Jésus était avec moi, qu'il savait où j'étais, où je devais aller et qu'il m'y conduirait. Je le redisais sans cesse tout en marchant.

« Tour à tour, des groupes d'élèves quittaient le corridor principal pour gagner leur classe. J'étais très confuse, mais je continuais à marcher avec le reste des élèves. Finalement, nous n'étions plus que quelques enfants qui marchions ensemble.

Lorsque les derniers élèves, qui étaient en troisième année, laissèrent le couloir principal, je me retrouvai toute seule. Et je me répétais encore : "Jésus est ici avec moi. Jésus sait où je suis. Il sait où je dois aller et il va m'y conduire."

« Je levai les yeux... et je vis ma classe et mon enseignante. Je n'ai jamais été aussi soulagée de toute ma vie.

« Le lendemain, j'avais un peu plus d'assurance. Je *savais* que Jésus était avec moi, qu'il savait où je me trouvais et qu'il m'aiderait à me rendre à ma classe. J'étais en paix. Et, à la fin de la semaine, j'avais appris la routine. »

Ensuite, cette dame ajouta des paroles que je n'oublierai jamais : « Tout au long de ma vie, des gens m'ont demandé pourquoi j'avais l'air si confiante, même lorsque je me trouve dans des situations nouvelles, parfois angoissantes et inquiétantes. Je crois que mon attitude remonte à mon premier jour de classe. Maman m'avait dit que Jésus était là avec moi, qu'il savait où j'étais censée être et qu'il m'aiderait. Je l'ai cru. J'ai cru que Dieu était avec moi et je n'ai jamais cessé de le croire.

« Depuis ce jour, j'ai traversé les couloirs de la vie remplie de paix et de confiance. Je me sens parfois perdue, je ne sais pas toujours ce que je devrais savoir, mais je sais que je suis connectée au Chemin et à la Vérité et que Dieu me conduira où je dois aller. »

Cette vérité est une perle rare. Mon amie se répéta les paroles de sa mère et crut que Jésus était là pour l'aider et lui donner la paix, malgré la grande peur qu'elle ressentait alors qu'elle tentait de trouver son chemin dans un endroit inconnu et vaste.

Certaines personnes sont tellement habituées à répondre aux aléas de la vie par la peur et la panique qu'elles n'imaginent même pas la possibilité de réagir autrement. Les changements les contrarient tant qu'il ne leur vient jamais à l'idée que leurs émotions pourraient être plus stables.

Dites « non » à la peur; vivez plutôt par la foi. Commencez votre journée en disant au Seigneur que vous croyez en lui, que vous comptez sur sa paix et sur sa présence constantes.

L'ennemi

Satan, notre ennemi, peut nous attaquer par divers moyens afin de semer le doute en nous et nous faire perdre la foi en notre Dieu. Souvent, il amorce la pompe du doute par des questions comme *Si Dieu est avec toi, pourquoi cela t'arrive-t-il ?* Dans ces moments-là, vous devez tenir tête au Malin, source première de la peur qui vous paralyse ou de l'anxiété persistante qui vous gêne.

Parfois, je parle à haute voix au diable, la puissance maléfique qui cherche à contrecarrer le plan de Dieu dans notre vie. Je lui dis carrément qu'il ne m'enlèvera pas ma paix, que je refuse de vivre dans la peur et dans l'inquiétude et que je vais croire Dieu. Les Écritures nous exhortent à résister au diable pour qu'il fuie loin de nous (Jacques 4. 7). Dans les moments d'angoisse et de peur, résistez-lui au nom de Jésus.

Le péché

Il est crucial de nous repentir de tout péché qui peut faire obstacle à ce que nous recevions la paix de Dieu et que nous en jouissions. Examinez votre cœur pour voir si quelque péché y habite et neutralise la paix de Dieu. Le péché s'oppose toujours à la paix. Une personne peut prier à de nombreuses reprises pour avoir le cœur en paix et y croire, et elle peut se remémorer les promesses de Dieu et les citer. Pourtant, si elle nourrit le péché dans sa vie et qu'elle se rebelle délibérément contre Dieu, elle ne connaîtra jamais la paix véritable. Même la plus simple des choses, comme ne pas pardonner à un offenseur, peut faire des ravages dans l'esprit. La puissance du Saint-Esprit ne cessera de convaincre cette personne qu'elle doit reconnaître comme péché ce qu'elle sait l'être. Tant que nous ne le confessons pas, nous sommes profondément agités et anxieux intérieurement. Plus un rebelle demande la paix à Dieu, plus son tourment est susceptible d'augmenter, car la paix et la rébellion ne peuvent cohabiter. Son seul recours est de confesser sa rébellion à Dieu, de lui céder ce domaine de sa vie et de lui demander son aide pour être en mesure de se détourner de son péché et de résister à la tentation d'y retourner. Alors, la paix de Dieu peut à nouveau couler dans sa vie.

Céder notre paix

Souvent, en temps de crise, nous abandonnons notre paix. Oui, nous la cédons à quelqu'un d'autre. Il y a quelque temps, j'ai vécu un incident très traumatisant à mes yeux, dont je me rappelle très bien. En arrivant à ma voiture, je me rendis compte qu'un individu y avait pénétré et qu'il avait emporté ma serviette. Un « Ah! Non! » sortit de ma bouche presque involontairement. J'avais du mal à croire que le siège était vide; une de mes possessions les plus précieuses s'était envolée : ma mallette. Elle contenait mon Nouveau Testament grec que le voleur serait certainement incapable de lire et quelques livres auxquels il n'attacherait probablement aucune valeur. Je pouvais facilement les remplacer, et leur disparition n'était pour moi qu'une très légère perte. La serviette elle-même était assez usée, je n'étais donc pas tellement peiné de la perdre. Cependant, ma Bible préférée, avec laquelle j'avais prêché pendant des années, s'y trouvait. J'y avais inscrit diverses notes et dates. Elle était en quelque sorte une esquisse biographique des paroles que le Seigneur m'avaient adressées année après année. Il me semblait qu'une grande partie des « archives » de ma vie m'avait été dérobée.

Écoutez-moi bien, personne ne peut nous voler notre paix. Si nous l'avons perdue, la cause majeure est que nous l'avons cédée.

Ce n'était pas tout : cette Bible était un cadeau de ma mère. Pendant environ trois mois, je me sentais comme si j'avais perdu mon meilleur ami. J'étais furieux autant que peiné. Quelqu'un s'était introduit dans ma vie, même dans ma vie spirituelle, et avait emporté quelque chose de précieux pour moi. Dans de telles circonstances – perte, accusation non fondée ou rejet – nous pouvons facilement nous laisser prendre au piège et perdre notre paix.

À de nombreuses occasions où je me suis senti troublé, anxieux et frustré, j'ai blâmé les autres de m'avoir « volé » ma paix. J'avais tort. En réalité personne d'autre que moi ne devait porté le blâme, car j'étais celui qui l'avait laissée aller.

Écoutez-moi bien, personne ne peut nous voler notre paix. Si nous l'avons perdue, la cause majeure est que nous l'avons cédée.

J'entends sans cesse des gens dire que leur esprit est troublé et bouleversé par un outrage, une action ou une parole conflictuelle. J'entends une panoplie de « si seulement, il… », « si elle... », « si les circonstances étaient différentes... » Encore une fois, la vérité, c'est qu'aucune circonstance, ni aucune situation, ni personne, ni aucun organisme ne peuvent nous voler notre paix intérieure.

Nous perdons notre paix parce que nous la laissons aller, nous l'abandonnons ou nous la cédons.

Perdre de vue notre objectif

Nous pouvons laisser la myriade de mauvaises nouvelles que nous lisons ou entendons chaque jour nous faire perdre notre objectif de vue. Nous pouvons permettre aux mauvaises nouvelles d'influencer nos pensées et de les infecter, au lieu de les fixer sur Dieu et de mettre notre confiance en lui pour recevoir sa paix et ressentir sa présence.

Songez aux douze derniers mois. Vous rappelez-vous la tragédie des treize mineurs morts au travail à Brookwood en Alabama? La première explosion avait piégé trois hommes tandis qu'une seconde a emporté les dix autres, descendus immédiatement leur porter secours. Leurs femmes avaient vu leur mari partir au travail ce matin-là et elles ne les ont jamais revus.

Vous souvenez-vous des tremblements de terre de grande envergure et intensité qui ont secoué l'Italie et la Turquie? Des milliers de personnes s'étaient couchées le soir pour ne jamais plus se réveiller. Que pensez-vous des fusillades dans des écoles américaines ou des attaques de tireurs embusqués?

Un ami m'a déjà raconté l'histoire d'un couple parti en vacances tant attendues. Pendant qu'ils pêchaient à la mouche, une tempête se leva. Le mari, de son côté, alla chercher la voiture sous la pluie battante pendant que sa femme, elle, décida de l'attendre sous un arbre pour ne pas être mouillée. La foudre s'abattit sur l'arbre; elle succomba instantanément. L'excursion qui avait commencé en partie de plaisir se termina en tragédie.

Bien entendu, nous nous rappelons tous les premières images de l'effondrement des tours du World Trade Center, à New York, le trou béant au Pentagone, à Washington, D.C., ainsi que les débris éparpillés dans un champ de Pennsylvanie. Des centaines d'hommes, de femmes et d'enfants ont monté à bord d'avions le matin de la tragédie et ne sont jamais arrivés à destination. Des milliers de familles ont attendu, glacées d'horreur, pendant des heures, des jours, des semaines, et même plus, de recevoir quelques restes de leurs proches afin de les inhumer.

Être confrontés à des nouvelles tragiques semble faire partie de notre routine quotidienne. Un profond sentiment d'anticipation et de crainte plane au-dessus de notre société. Toutefois, il ne s'agit pas toujours d'événements importants; les mauvaises nouvelles peuvent être beaucoup moins dramatiques que les cas cités précédemment. Néanmoins, elles peuvent nous troubler tout autant.

Il peut s'agir de nouvelles concernant notre santé ou celle d'un être cher, du divorce ou de la séparation d'un couple, d'un jeune en fugue, d'une perte d'emploi ou de la faillite d'une entreprise. Lorsque nous entendons d'aussi terribles nouvelles, notre attention se fige facilement sur les aspects négatifs, la peur nous paralyse et la pensée de devenir, nous aussi, victimes de tels fléaux nous hante. Permettez-moi de vous suggérer quelques questions à vous poser si vous sentez que les choses négatives de la vie vous volent votre paix.

Question n° 1 : Avez-vous cessé de louer Dieu et de lui rendre grâces ? Les gens qui ne sont plus en paix ont souvent arrêté de le louer et de le remercier. Les disciples de Jésus ont besoin d'une vie de prière vivante, de « rester en contact avec Dieu », comme le dit un chant gospel. Ils doivent éviter de ne parler à Dieu que pour lui demander des choses, mais ils doivent plutôt garder un cœur reconnaissant, toujours lui rendre grâces en toute chose et en toute circonstance. Il existe une corrélation directe entre la prière dans la foi, un cœur reconnaissant et les louanges, et la confiance, l'assurance que Dieu entend nos prières et y répond.

Question n° 2 : Limitez-vous Dieu par votre façon de penser ? Imaginez une circonstance que vous trouvez difficile. Décrivez-la en utilisant tous les termes qui vous viennent à l'esprit : dure, difficile, torturante, ardue, accablante, épouvantable, douloureuse, bouleversante, poignante, horrible. Existe-t-il un problème si grave, si difficile que Dieu ne puisse résoudre ?

Si votre réponse est « oui », alors, vous concevez Dieu petit ou limité. Oswald Chambers, rédacteur de méditations bien connu, a écrit : « Lorsque je commence à prendre conscience du but de Dieu, l'impossible devient possible. L'impossible est justement ce que Dieu fait. » Il avait raison. Pour Dieu, l'impossible est possible, rien ne le dépasse. Nous ne voulons pas être accusés d'avoir un petit Dieu, n'est-ce pas ?

Notre Dieu est *grand* et *infini* ; il réside dans l'éternité et opère dans l'infini. Il connaît et maîtrise *toute chose*.

Question n° 3 : Ressassez-vous des pensées négatives ? La plupart des gens qui cèdent leur paix admettent plus tard avoir commencé à ruminer les côtés négatifs de leur vie. Ils auraient plutôt dû conditionner leur esprit à apprécier les choses positives de la vie. La tentation de ressasser les aspects négatifs est grande. J'ai mentionné précédemment à quel point cette attitude peut être dévastatrice. Notons que cette tendance prend souvent naissance dans nos foyers et dans nos institutions – les pères critiquent leurs enfants et leur font peu ou pas du tout d'éloges pour équilibrer leurs jugements; les superviseurs reprochent souvent aux employés leurs erreurs, mais ils les félicitent rarement pour leur bon travail; et la même tendance se retrouve chez les enseignants, les médecins, les avocats et les comptables. La majeure partie des renseignements que nous fournissent ces professionnels concerne des erreurs, des situations délicates, des infractions à la loi ou des montants impossibles à faire concorder.

Il n'est pas rare qu'une personne passe toute une journée sans que quelqu'un ne lui adresse une parole d'encouragement.

Si vous alimentez constamment votre âme d'un régime toujours négatif, votre foi finira par s'évanouir. Si vous agissez de la même manière avec votre famille et vos collègues, ils deviendront eux aussi négatifs; ils s'autodévaloriseront et critiqueront les autres ainsi qu'eux-mêmes. Voici des exemples de pensées et de paroles qui vous habiteront, eux et vous-même :

- À quoi cela sert-il?
- Pourquoi essayer?
- Rien ne fonctionne.
- Le monde est en train de s'effondrer.
- Nous ne sommes plus en sécurité nulle part.
- Des gens vont m'attaquer si je m'aventure à l'extérieur.

Plus une personne médite une ou l'autre de ces pensées, plus elle risque de se sentir déprimée, perturbée et oppressée.

Question n° 4 : Permettez-vous aux émotions négatives de traîner dans votre cœur ? Parfois, un accident, une tragédie, la maladie ou une situation malencontreuse nous surprend brutalement. Aussi, des pulsions et des désirs intérieurs peuvent nous causer des tiraillements, de l'angoisse ou faire naître un besoin intérieur. Il arrive que nous nous retrouvions soudain dans une situation difficile tout à fait inattendue. À certains moments, nous nous sentons comme si le sol se dérobait sous nos pieds en apprenant des nouvelles affligeantes.

L'anxiété augmente, la panique s'installe et la peur nous saisit.

Lorsque cela se produit, deux possibilités s'offrent à nous : soit nous ouvrons la porte et invitons la négativité et les émotions néfastes à ravager notre cœur, soit nous agissons pour retrouver la paix et la confiance.

Paniquer, éprouver de l'anxiété et de la peur, lors d'un accident soudain, d'une tragédie, d'une crise, d'une situation déconcertante ou après une mauvaise nouvelle est tout à fait *normal*. Ces réactions sont pratiquement instinctives, « automatiques ». Il n'y a aucun mal à les ressentir, car elles font partie du système d'alarme, ou l'instinct de préservation, dont Dieu nous a dotés afin que nous protégions notre vie. Elles sont une sorte de réaction de combat ou de fuite face à la menace. Nous connaissons tous des moments d'anxiété, de panique et de peur.

Notre erreur est de les accepter, que ce soit à contre-cœur ou à bras ouverts, de les laisser s'attarder dans notre cœur et graduellement de s'y installer, de s'amplifier et de perdurer. Ainsi, elles ne sont plus une réponse temporaire, mais elles deviennent un « état permanent », notre attitude prédominante, notre état d'esprit. Nous devons adopter l'attitude et le comportement de

Jésus plutôt que laisser la négativité monopoliser notre cœur.

Question n° 5 : Vous rappelez-vous l'exemple de Jésus ? Je trouve fascinant que Jésus, notre Maître, était réaliste. Il n'a jamais appelé ses disciples à vivre dans le déni ni la tête enfouie dans le sable. Au contraire, les Évangiles montrent qu'il affrontait les problèmes. En effet, il a connu les tentations féroces du Malin et la puissance dominatrice du péché à l'œuvre dans le monde. Il n'a pas emmené ses disciples dans un monastère reculé pour qu'ils échappent au monde. Pas du tout. Il les a appelés à être *dans le monde* sans toutefois être *du monde*, c'est-à-dire sans être gouvernés par les mauvais systèmes du monde ou contrôlés par les penchants humains.

Jésus savait que ses disciples et lui vivaient à une époque de troubles. Il les a appelés à aborder les problèmes de front en suivant son propre exemple. Ainsi, il leur a recommandé de ne pas s'inquiéter pour la nourriture ni le vêtement dont ils auraient besoin le lendemain. Il leur a rappelé que le Père céleste nourrit les oiseaux, et vêtit les lis des champs, et qu'il en ferait autant pour eux. C'est certain !

Avoir l'assurance de Jésus s'appuie sur le fait que, puisque Dieu est avec nous, nous n'avons pas à être submergés ni vaincus par les problèmes. Nous pouvons y faire face, les affronter, les braver, les gérer et enfin les vaincre. Quelle consolation pour notre âme !

Le Seigneur a enseigné à ses disciples que toutes les épreuves sont de nature passagère, que la maladie et les problèmes ont une raison d'être et qu'ils ne durent qu'un temps. Les tempêtes – naturelles, sur la mer de Galilée, et surnaturelles, dans la vie des personnes possédées par des démons ou oppressées par le Malin – se lèvent et se déchaînent pour une raison et pour une saison. Même la mort et l'ensevelissement du Seigneur avaient un but et ils n'ont duré qu'une période de temps donnée. Jésus nous appelle à reconnaître la nature passagère des problèmes. Le défi est de supporter, de persévérer, d'apprendre, de croître et de vaincre. Je me rappelle une petite phrase qui résume bien la question : Tout a un but et une limite. Jésus savait que Dieu permet que certaines choses nous arrivent seulement pour une période donnée et pour une raison spécifique.

Je crois que les paroles de Jésus *Que votre cœur ne se trouble point* seraient mieux rendues par *Ne laissez plus votre cœur se troubler*. Pourquoi serions-nous troublés si nous nous rappelons l'exemple de notre Seigneur qui vivait dans la confiance, sachant que son Père le voyait, lui et ses disciples, les dirigeait, prenait soin d'eux et les aimait? Il fera de même pour nous.

5

CINQ CONVICTIONS ESSENTIELLES POUR VIVRE LE CŒUR EN PAIX

Croyez-vous que Oussama Ben Laden ou une autre personne détient un pouvoir sur votre sécurité et votre bien-être? Si c'est le cas, vous vous trompez royalement. Si vous être chrétien, Dieu seul tient votre vie entre ses mains; il est votre sécurité.

Vous pouvez vous demander que penser des événements du 11 septembre 2001. Dieu maîtrisait-il la situation?

Absolument! Dieu n'a jamais été dépassé par les événements une seule fraction de seconde depuis la création. Aurait-il pu empêcher la tragédie? Certainement. A-t-il *permis* qu'elle se produise? Oui. Avait-il un but? Sans aucun doute.

> *Dieu n'a jamais été dépassé par les événements une seule fraction de seconde depuis la création.*

Même si nous ne comprenons pas parfaitement le plan de Dieu, nous pouvons être certains qu'il maîtrise *toujours* la situation. Il n'a pas perdu une parcelle de sa force ni de sa puissance. Il est aussi omnipotent, omniscient, omniprésent et il nous aime autant que la veille du 11 septembre 2001.

La personne de foi ne réagit pas à cette tragédie en demandant pourquoi celle-ci s'est produite ou pourquoi Dieu l'a permise; elle prie le Seigneur de lui montrer ce qu'elle doit apprendre de cette épreuve.

Si vous vous demandez toujours *pourquoi,* vous vous embourberez, car vous n'aurez jamais de réponse complète à cette question. Par contre, si vous vous demandez comment réagir à cet événement et ce que vous devez faire désormais, vous avancerez, vous saurez où vous diriger, vous aurez un but, et votre énergie sera renouvelée. De plus, vous connaîtrez une paix beaucoup plus profonde qu'en vous demandant *pourquoi.*

Comprendre les voies de Dieu nous permet toujours de constater que toutes ses actions procurent des bénédictions éternelles à ses enfants. C'est grâce à nos *convictions* que nous pouvons nous poser les bonnes questions lors d'un drame.

Au cours de ma marche avec le Seigneur, j'ai découvert cinq convictions qui procurent la paix. Je vous mets au défi d'examiner attentivement ce que vous croyez à propos de Dieu, car la façon dont ces vérités sont ancrées en vous détermine la profondeur de la paix que vous ressentez.

Croyance essentielle n° 1 : Dieu est souverain sur toute chose

Reconnaître et accepter que Dieu est souverain sur absolument tout est vital. Il règne; rien de ce qui vous concerne n'échappe à son regard et n'est étranger à son amour.

Trop de gens vivent avec une inquiétude troublante; ils se demandent sans cesse ce qui arrivera et anticipent continuellement que telle ou telle chose arrive. Au cours des deux dernières années, un grand nombre de personnes m'ont affirmé être rongées par une peur intense. Elles se demandent ce qui se passera si elles prennent l'avion, si elles ouvrent leur courrier, si elles montent dans un gratte-ciel ou encore si elles sont piquées par une tique ou un moustique porteur d'une maladie. D'autres ont confessé avoir chaque jour crainte d'envoyer leurs enfants à l'école. D'autres encore m'ont confié être angoissées à l'idée de consulter la section des affaires dans les journaux; elles ressentent une pression constante en songeant au marché boursier et au climat du monde des affaires.

Si l'une ou l'autre de ces préoccupations vous est familière, je vous recommande de lire attentivement le Psaume 91 ci-dessous, un des magnifiques textes de la Bible. Il traite d'un Dieu souverain, maître de tout.

Celui qui demeure sous l'abri du Très-Haut
Repose à l'ombre du Tout-Puissant.
Je dis à l'Éternel : Mon refuge et ma forteresse,
Mon Dieu en qui je me confie!
Car c'est lui qui te délivre du filet de l'oiseleur,
De la peste et de ses ravages.
Il te couvrira de ses plumes,
Et tu trouveras un refuge sous ses ailes;
Sa fidélité est un bouclier et une cuirasse.
Tu ne craindras ni les terreurs de la nuit,
Ni la flèche qui vole de jour,
Ni la peste qui marche dans les ténèbres,
Ni la contagion qui frappe en plein midi.
Que mille tombent à ton côté,
Et dix mille à ta droite,
Tu ne seras pas atteint;
De tes yeux seulement tu regarderas,

Et tu verras la rétribution des méchants.
Car tu es mon refuge, ô Éternel!
Tu fais du Très-Haut ta retraite.
Aucun malheur ne t'arrivera,
Aucun fléau n'approchera de ta tente.
Car il ordonnera à ses anges
De te garder dans toutes tes voies;
Ils te porteront sur les mains,
De peur que ton pied ne heurte contre une pierre.
Tu marcheras sur le lion et sur l'aspic,
Tu fouleras le lionceau et le dragon.
Puisqu'il m'aime, je le délivrerai;
Je le protégerai, puisqu'il connaît mon nom.
Il m'invoquera, et je lui répondrai;
Je serai avec lui dans la détresse,
Je le délivrerai et je le glorifierai.
Je le rassasierai de longs jours,
Et je lui ferai voir mon salut.

Dieu est votre protecteur, celui qui vous protège heure après heure, jour après jour, année après année. Il se charge de vous garder en vie jusqu'à la fraction de seconde où il désirera que vous soyez à ses côtés éternellement. Peu importe ce qui vous arrive, Dieu a pour vous un plan de bénédictions sur la terre et de récompenses dans l'éternité. Il peut transformer toutes les expériences que vous vivez, même celles que vous qualifiez de mauvaises, en bien éternel. Il le fera seulement si vous croyez qu'il est le Seigneur souverain de votre vie.

Récemment un ami reçut une nouvelle très contrariante par la poste. La société immobilière qui s'était chargée de la vente de sa maison était poursuivie pour fraude par le couple qui avait acheté la propriété. Cette poursuite impliquait que mon ami aurait agi frauduleusement en n'ayant pas divulgué l'état de la maison au moment de la vente, ainsi qu'en négligeant d'effectuer les réparations requises. Même si son nom n'était pas mentionné dans la poursuite, mon ami était scandalisé par les allégations faites à l'endroit de l'agent immobilier et indirectement à son endroit. Pendant quelques instants, il eut la mort dans l'âme. Inquiet et perplexe, il ne savait que faire. Il était atterré; sa paix s'était envolée pendant un moment.

Lorsqu'il eut terminé de lire le document juridique une seconde fois, il se rappela un de mes sermons : *Dieu est souverain, il est toujours souverain.* Et il se mit à prier en disant : « Seigneur, tu règnes, tu n'es pas surpris par cette lettre. Tu connais mon cœur, tu sais que j'ai agi en toute honnêteté et franchise avec ce couple. Tu sais que je leur ai fait part de tout ce que je savais au sujet de la propriété que je leur ai vendue; j'ai mentionné tous les problèmes dont j'étais au courant. J'ai fait du mieux que j'ai pu pour être conforme aux règles et aux règlements que m'ont prescrits la société immobilière et les inspecteurs de la maison. Tu connais la somme d'argent que j'ai investie pour effectuer les réparations requises. Tu sais aussi que j'ai été bien au-delà de ce que la loi exige tant pour mes divulgations que pour les réparations que j'ai faites. Montre-moi si je dois agir, ce que je dois faire et comment je dois répondre à ces allégations. Montre-moi comment prier pour ce couple ainsi que pour l'agent immobilier. »

– Que s'est-il passé? demandai-je.

Il me répondit que son cœur fut immédiatement rempli de paix et qu'il fut convaincu sans l'ombre d'un doute qu'il ne devait rien faire sinon prier pour les acheteurs. Il avait la conviction profonde que ce couple avait des besoins beaucoup plus pressants et d'une portée éternelle beaucoup plus grande que les menus problèmes d'entretien de la maison qu'ils avaient mentionnés dans la lettre. « Troublés et confondus, ces gens paniquaient et voulaient blâmer autrui. Qui sait, ils ne possédaient peut-être pas les capitaux nécessaires à leur achat. Je me mis donc à prier pour que Dieu comble leurs besoins et attendrisse leur cœur. Je savais qu'en poursuivant leur action en justice, ils n'en seraient que davantage frustrés, blessés et qu'ils ne toucheraient vraisemblablement qu'une faible portion de la compensation souhaitée. En me basant sur les autres transactions immobilières que j'avais effectuées dans le passé, j'estimais que la transaction en question avait été réalisée avec professionnalisme. »

Mon ami conclut en disant qu'il ignorait la fin de cette histoire, mais qu'il savait que Dieu maîtrisait la situation, qu'il connaissait son cœur et ses motivations, ainsi que tous les événements qui s'étaient produits, et qu'il le protégerait. Il croyait que Dieu accomplirait son dessein dans la vie des acheteurs et dans celle de toutes les personnes impliquées dans cette affaire.

– Sais-tu pourquoi tu es confiant et en paix? demandai-je.

– Bien sûr, me répondit-il en souriant. Essaies-tu de me tester? Je suis en paix parce que je sais que Dieu fera concourir toute chose pour le bien de ceux qu'il a appelés selon son dessein. Dieu m'a conduit à vendre cette propriété. Je l'ai vendue en agissant selon ses principes, en ayant la conscience pure au sujet de tous les aspects de la transaction. Dieu sera fidèle à sa Parole. Toutes choses concourront au bien.

Il avait tout à fait raison.

Croyance essentielle n° 2 : Dieu pourvoit

De la première à la dernière page, la Bible nous enseigne que Dieu est celui qui satisfait tous nos besoins. Aucun n'est trop grand, ni trop problématique ni trop grave pour Jésus. La Parole de Dieu dit : « [...] Mais ceux qui cherchent l'Éternel ne sont privés d'aucun bien » (Psaume 34. 10).

Dans le plan de Dieu pour votre vie, il n'y pas de place pour rester éveillé la nuit et vous tourner d'un côté, puis de l'autre, en ressassant une inquiétude ou en vous demandant : *Comment arriverais-je à régler mes factures si je perds mon emploi? Si le marché boursier continue à chuter, de quoi vivrai-je à la retraite? Comment vais-je pourvoir aux besoins de ma famille si mon entreprise fait faillite?* Votre besoin peut ne pas être le manger, le boire ou le vêtement; il peut s'agir d'une guérison émotionnelle, d'une délivrance spirituelle, d'un nouvel emploi, de la restauration d'une relation brisée ou de quelque autre besoin personnel ou relationnel.

Mon ami, Dieu peut combler ce besoin. Il est le Dieu qui pourvoit à tout ce dont son peuple a besoin pour mener une vie remplie, satisfaisante et significative.

Jésus a dit : « [...] Je suis la porte des brebis. Tous ceux qui sont venus avant moi sont des voleurs et des brigands; mais les brebis ne les ont point écoutés. Je suis la porte. Si quelqu'un entre par moi, il sera sauvé; il entrera et il sortira, et il trouvera des pâturages. Le voleur ne vient que pour dérober, égorger et détruire; moi, je suis venu afin que les brebis aient la vie, et qu'elles soient dans l'abondance » (Jean 10. 7-10).

Il faisait référence aux bergers de son époque qui dormaient avec leurs brebis lorsqu'elles passaient la nuit dans des enclos de pierres à l'extérieur. Le berger se couchait dans l'embrasure de la porte par laquelle les brebis entraient dans l'enclos. Il allait jusqu'à donner sa vie pour protéger ses brebis des prédateurs et des voleurs. Notons que Jésus affirme non seulement qu'il nous garde en se plaçant entre nous et l'ennemi qui cherche à voler, à tuer et à détruire, mais il nous assure aussi qu'il nous *procurera de verts pâturages*, puisqu'il est notre Berger. La mention de ces quelques mots indique que tous les besoins de la brebis sont comblés et qu'elle peut vivre pleinement.

En plus de donner la vie éternelle à ceux qui l'acceptent comme leur Sauveur, Jésus est venu leur procurer une vie abondante, c'est-à-dire une vie qui déborde de bénédictions excellentes, grâce auxquelles ils peuvent accomplir ce que le Seigneur les appelle à réaliser et être la personne qu'il veut qu'ils soient.

Si vous perdez votre emploi, souvenez-vous que Dieu en a un autre pour vous. Si vous lui faites confiance et que vous le laissez vous guider, il ouvrira une nouvelle porte, et votre nouvelle situation vous fournira des occasions meilleures que la précédente.

Même si vous perdez la source de revenus sur laquelle vous comptiez pour régler vos comptes, Dieu a d'innombrables moyens de pourvoir à vos besoins.

N'oubliez jamais que Dieu :

- a envoyé la manne à plus de deux millions d'Israélites qui erraient au désert. En réalité, il les a nourris durant des décennies (Exode 16. 35);

CINQ CONVICTIONS ESSENTIELLES POUR VIVRE... 57

- a fait jaillir l'eau d'un rocher pour désaltérer son peuple (Exode 17. 6);
- a envoyé des corbeaux nourrir Élie, son prophète, dans une période de sécheresse et de famine (1 Rois 17. 4-6);
- a multiplié le casse-croûte composé de pain et de poisson d'un garçon pour nourrir des milliers de personnes (Matthieu 14. 14-21);
- a pourvu quotidiennement aux besoins en huile et en farine du prophète Élie et d'une mère seule pendant toute la durée de la famine (1 Rois 17. 10-16);
- a multiplié les réserves d'huile d'une veuve à la mort de son mari, jusqu'à ce qu'elle puisse elle-même pourvoir à ses besoins et à ceux de ses fils (2 Rois 4. 1-7).

La Bible contient trop d'exemples semblables pour que nous soyons en mesure d'en dresser une liste exhaustive. Si vous doutez que Dieu puisse pourvoir à vos besoins, songez aux diverses méthodes qu'il a utilisées pour prendre soin de son peuple. Lorsque vous les lisez, n'oubliez pas qu'il est le même aujourd'hui qu'aux temps bibliques. Il vous aime infiniment et il peut répondre entièrement à vos besoins.

Vous ne pouvez être en paix si vous doutez de la provision de Dieu. Dissipez ce doute dans votre cœur et dans vos pensées une fois pour toutes. Dieu pourvoira et il

> *Vous ne pouvez être en paix si vous doutez de la provision de Dieu. Dissipez ce doute dans votre cœur et dans vos pensées une fois pour toutes : Dieu pourvoira.*

comblera vos besoins au fur et à mesure que vous apprendrez à lui faire confiance et à lui obéir.

Remettez vos finances à Dieu! Croyez-vous que Dieu règne sur votre situation financière? Êtes-vous certain de gérer vos finances comme Dieu veut que vous le fassiez?

Si vous répondez « oui » à ces questions, vous n'avez pas à vous inquiéter; continuez à dépenser votre argent et à gérer vos finances selon la volonté de Dieu. Concentrez-vous sur les choses que Dieu a placées sur votre chemin et aidez les autres du mieux que vous le pouvez. Dieu a en réserve des provisions et des façons de combler vos besoins que vous ne pourriez imaginer.

Demandez-vous qui est maître de vos ressources matérielles. Si vous croyez que c'est vous, vous faites erreur. Bien entendu, vous avez une certaine responsabilité, vous devez être un bon intendant, ou un bon gérant, des ressources que Dieu vous a données, mais vous ne contrôlez pas vos revenus ni les biens matériels que vous avez. Tout ce qui vous appartient est un don de Dieu. L'énergie, la vitalité, la santé, les idées et les occasions qui vous ont permis de posséder, tout cela vous vient de Dieu. Comme il a pourvu depuis votre naissance, il continuera certainement à le faire si vous lui faites confiance, que vous lui obéissez et que vous cherchez sa volonté.

Si le marché boursier est la force qui régit vos biens matériels, vous aurez des ennuis de même que si votre avenir repose sur votre capacité de faire de bons placements. Demandez à Dieu de vous guider et de vous donner sa sagesse; c'est le moyen de faire des investissements judicieux aujourd'hui. Demandez-lui de vous révéler si vous devriez modifier de quelque façon que ce soit la gestion de vos ressources matérielles. Si vous n'êtes pas en paix en ce qui concerne un aspect particulier de vos finances ou en ce qui concerne vos avoirs, demandez-lui de vous montrer où investir. Il vous le dévoilera afin que vous goûtiez sa paix.

J'ai récemment appris l'histoire d'une dame qui, soudainement, n'eut plus la paix d'habiter la maison où elle vivait depuis plus de cinquante ans. Elle voulait absolument partir au plus vite. Elle ne voulait pas seulement sortir faire des courses, elle désirait vendre sa maison et déménager. Elle la mit donc en vente. À sa grande surprise, son agent immobilier lui apprit que sa propriété avait une valeur beaucoup élevée que ce qu'elle croyait. De plus, elle découvrit qu'on allait construire un temple à moins d'un kilomètre de chez elle. Les adeptes de cette religion voulaient vraisemblablement habiter tout près de leur lieu de culte et c'est pour cette raison que la valeur des propriétés augmentait autant. En apprenant cela, elle vit un problème poindre à l'horizon : elle se rendit compte que son voisinage serait rempli de membres de cette religion dans un laps de temps assez court. Être privée de ses voisins et amis de longue date inquiétait cette femme seule, d'âge mûr.

Dès qu'ils furent informés du désir de cette dame de déménager, sa fille et son gendre lui offrirent d'emménager avec eux. C'est ce qu'ils désiraient depuis des années, mais ils n'avaient pas insisté voyant qu'elle s'acharnait à vouloir vivre dans sa maison jusqu'à sa mort. Elle accepta leur invitation. Deux mois plus tard, elle vendit sa maison et emménagea chez sa fille. Pour les dix années suivantes, elle connut une vie agréable et paisible, comblée par l'amour et les attentions de sa fille, de son gendre et de ses quatre petits-enfants.

Dieu s'est-il chargé des finances de cette dame? Ne l'a-t-il pas bénie en abondance? Ne lui a-t-il pas donné infiniment au-delà de ce qu'elle pouvait imaginer ou penser (Éphésiens 3. 20)?

Croyance essentielle n° 3 : Dieu vous a créé tel que vous êtes pour un but

Plusieurs aspects de notre vie échappent à notre contrôle. Acceptons-les, car ils font partie de nous comme Dieu a voulu que nous soyons. Il y a peu de temps, une amie me dit : « Dieu m'a donné une peau claire. Je n'ai qu'à penser à m'exposer au soleil pour qu'elle devienne rouge. J'aurais préféré avoir un beau hâle foncé, mais Dieu m'a faite autrement. C'est pourquoi j'applique une lotion avec écran solaire, je porte mon chapeau de paille ainsi que des vêtements amples à manches longues, puis je sors au soleil. Le fait que Dieu ne m'ait pas donné une peau qui bronze ne signifie pas qu'il ne veut pas que je jouisse du climat tropical! » Cette femme a accepté d'être comme Dieu a voulu qu'elle soit.

Il y a quelques années, un autre ami me confia qu'il ne savait pas pourquoi Dieu avait voulu qu'il soit de petite taille et l'avait doté d'une peau et de cheveux si foncés. Il est de loin le plus petit de sa famille et ses cheveux et sa peau sont beaucoup plus foncés que ceux de ses frères et sœurs. Cependant, il sait que son aspect physique facilite sa tâche de missionnaire au Mexique. Je ris et j'ajoutai que Dieu l'avait vu œuvrer comme missionnaire au Mexique bien avant sa naissance et je lui demandai s'il se rendait compte que c'était pour cette raison que Dieu l'avait créé avec de telles caractéristiques.

Notre ethnie, notre culture, notre langue, notre nationalité, notre sexe et bon nombre de nos caractéristiques physiques ont été « choisis » par Dieu. Il nous a donné certains talents et certaines aptitudes qui nous permettent d'acquérir des compétences spécifiques et de les perfectionner. Il nous a doués d'une certaine intelligence pour que nous la développions et que nous l'appliquions à notre vie pratique. Il nous a dotés d'une personnalité propre; dès la naissance, des bébés semblent plus extravertis et d'autres plus passifs. De plus, au moment où nous avons reçu Jésus-Christ comme notre Sauveur, Dieu nous a donné des dons spirituels pour que nous les utilisions dans notre ministère envers les autres. La façon dont nous les exprimons est intrinsèquement liée aux talents qu'il nous a donnés et aux compétences qu'il nous a aidé à acquérir.

L'ensemble de vos traits et de vos particularités font de vous une personne unique. Dans le passé, personne n'a été totalement comme vous et, aujourd'hui, personne sur terre n'est exactement comme vous, pas même votre jumeau. Et aucun de ceux qui vous succéderont, dont vos enfants, ne vous sera parfaitement identique. Vous êtes une créature unique et exceptionnelle que Dieu a conçue pour un but précis, but qu'il connaissait depuis l'éternité passée. Acceptez-vous tel que vous êtes!

Vous êtes une créature unique et exceptionnelle que Dieu a conçue pour un but précis, but qu'il connaissait depuis l'éternité passée. Acceptez-vous tel que vous êtes!

J'ai rencontré des gens très mécontents des dons que Dieu leur a offerts. Un homme m'a affirmé que certaines personnes croyaient qu'il était une poule mouillée parce qu'il avait le don de miséricorde; il m'a avoué qu'il aurait préféré recevoir le don d'exhortation. Désirer un don différent de ceux que Dieu nous a donnés, c'est penser et dire trois choses : *Seigneur, tu t'es trompé;*

Seigneur je ne veux pas être celui que tu m'as appelé à être et *Seigneur, je n'exercerai pas le don que tu m'as donné au maximum.* Une personne qui ne chérit ni n'apprécie ses propres dons spirituels ne les exerce pas avec empressement et refuse de les manifester même si on le lui demande.

Je connais aussi des personnes qui n'aiment pas du tout leurs propres caractéristiques physiques. Certains détestent un aspect de leur apparence à un point tel qu'ils se méprisent eux-mêmes. D'autres haïssent tellement toute leur apparence physique qu'ils se retirent et s'isolent des autres. D'autres encore méprisent tant un de leurs traits qu'ils semblent enclins à détruire leur apparence entière et se négligent totalement.

Je ne m'oppose pas à l'utilisation de maquillage, aux visites chez le coiffeur ni aux chirurgies plastiques. Je suis cependant très inquiet pour les personnes qui détestent leur apparence au point de se détourner de Dieu en le blâmant de les avoir créées ainsi. Certains adoptent des mesures extrêmes pour transformer leur apparence; ils y dépensent pratiquement tout leur argent et y réservent la majeure partie de leur temps. D'autres cessent délibérément de servir Dieu parce qu'ils sont obnubilés par leurs faiblesses, leurs limites ou leurs handicaps physiques qu'ils jugent être ce qu'il y a de moins attirant chez eux. Ils ne goûtent pas une grande part de la joie que Dieu désire pour eux, et leur cœur n'est certainement pas rempli de paix.

Effectuons les changements qui sont à notre portée

Si, en vous regardant dans le miroir, vous concluez que vous amélioreriez votre apparence en perdant dix kilos, perdez-les. Cessez de ronchonner et de gémir au sujet du nombre trop important de cellules adipeuses dont Dieu vous a doté. Prenez les décisions qui s'imposent pour vider ces cellules de leur graisse. Par contre, si vous aimeriez grandir de 15 centimètres, n'y comptez pas. Peu importe ce que vous ferez, votre souhait ne se réalisera pas.

Que dites-vous lorsque vous vous regardez dans la glace le matin? *Yeurk! Il y aurait quelques améliorations à faire* ou *Hum, pas mal!* Nous devrions tous arriver au point où nous nous dirions : *Je m'embellis chaque jour!*

Dieu s'attend à ce que nous apportions les modifications nécessaires pour être à notre meilleur dans tout ce que nous faisons; il désire que notre apparence, notre habillement, notre façon de nous exprimer et notre comportement soient les meilleurs possible. Il veut que nous y allions de tous nos efforts, que nous donnions le meilleur de nous-mêmes et que nous travaillions au maximum de nos capacités, selon nos habiletés et notre énergie. Nous devons absolument comprendre que *le meilleur* dépend du potentiel de chacun; il ne s'agit pas de nous comparer aux autres. En effet, votre potentiel n'a rien à voir avec celui d'un autre. De plus, il peut varier d'un jour à l'autre. Nous pouvons tous améliorer certains aspects de notre vie et continuer de le faire jusqu'à notre mort.

Vous vous conformerez toujours à l'image que vous avez de vous-même; vos actions seront toujours déterminées par votre imagination. Si vous croyez que vous êtes un échec, vous agirez comme tel et finalement vous échouerez réellement.

Si vous vous estimez laid, vous ne ferez rien pour améliorer votre apparence physique et vous finirez par ressembler à la pire image que vous avez de vous-même.

Si vous vous pensez stupide, vous n'étudierez pas et vous ne développerez pas vos talents, vous ne chercherez pas d'occasions pour appliquer vos connaissances et vous demeurerez inculte, incompétent et ignorant.

Vous deviendrez la personne que vous croyez être.

Que votre personnalité ne cesse de se développer

Dieu nous défie sans cesse de développer notre personnalité. La Bible nous dit qu'il œuvre quotidiennement dans la vie de chacun des croyants pour qu'ils deviennent semblables à Christ-Jésus. Il désire les voir manifester de remarquables qualités : l'amour, la joie, la paix, la patience, la bienveillance, la bonté, la bénignité, la fidélité, la douceur et la tempérance (Galates 5. 22, 23).

Tous peuvent toujours aimer davantage, manifester plus de joie, être plus en paix, avoir plus de patience, démontrer plus de bonté et de fidélité. Nous pouvons toujours nous exprimer avec davantage de douceur et manifester plus de bienveillance et de tempérance. Quelle que soit la maturité d'un croyant, il peut toujours croître. Toute sa vie, il aura de nouvelles occasions de révéler ces traits de caractère dans de nouveaux contextes et au sein de nouvelles relations.

Notre chair, notre intelligence et nos biens matériels ne sont pas les aspects les plus importants de notre vraie personne. L'important, ce que nous sommes vraiment, c'est notre personnalité.

Nous ne pouvons avoir assez d'argent, d'amis, de drogue ou d'alcool; visiter assez d'endroits; vivre assez d'expériences; perdre assez de poids; nous muscler suffisamment; porter assez de vêtements de marque ou de bijoux de grand prix et conduire une voiture assez luxueuse pour suppléer à une pauvre personnalité.

Rejetez les mensonges que vous avez entendus

Au cours de mes années d'expérience, j'ai découvert que, dans un fort pourcentage de cas, un commentaire reçu ou une action subie à l'enfance est à l'origine d'une faible estime de soi. La plupart du temps, on a menti aux gens en leur disant, par exemple : *Tu ne peux pas faire cela. Tu n'y arriveras jamais. Tu n'es pas désiré. Tu n'es pas digne. Tu ne peux pas réussir. Tu ne peux pas étudier ceci. Tu ne pourras jamais devenir cela*; et ces gens l'ont cru. En réalité, on les a nourris de jugements qui ne sont pas fondés sur ce que Dieu dit et ils les ont crus; ils ont agi conformément aux mensonges... et ils ont *réalisé* l'échec qu'on leur avait prédit.

À certains moments, ces mêmes gens n'aiment pas entendre la voix intérieure qui les critique, alors qu'à d'autres moments, ils tentent d'éviter certains sujets en plaisantant. J'ai entendu des personnes de tout âge tenir des propos tels que : *De toute façon, personne ne s'en préoccupe. Je suis stupide. Maman a toujours dit que je n'arriverais pas à faire cela. Papa n'était jamais là pour moi.*

Ces déclarations, qui peuvent être basées sur des faits, sont des indices qui nous dévoilent l'image que la personne a d'elle-même et son état émotionnel. Ainsi, en affirmant que personne ne se préoccupe d'elle, elle est très susceptible de croire qu'elle ne vaut pas la peine d'être aimée. Celle qui dit être stupide croit être incapable d'apprendre ou d'effectuer des tâches intellectuelles. La personne qui déclare que sa mère avait prédit son échec croit qu'elle ne peut réussir. Enfin, celle qui confie que son père n'était jamais là pour elle présume ne pas être digne de l'attention et de l'amour de son père. Toutes ces affirmations mènent toutes à la même conclusion : *Je ne suis pas digne d'être aimé.* C'est faux! Dieu dit qu'il l'aime.

Pensez à tout ce que vous avez entendu à propos de vous. A-t-on dit la vérité? Si on a menti à votre sujet, c'est-à-dire si ce qu'on vous a dit est contraire à ce que Dieu dit de vous, rejetez ces propos et croyez ce que la Parole de Dieu affirme sur vous. Vous êtes digne, intelligent et talentueux; Dieu vous a créé de manière à ce que vous réussissiez.

Croyons la vérité à propos de nous-mêmes

Certaines personnes ont entendu la vérité à leur sujet, mais elles ont refusé de la croire. Des milliers de jeunes Nord-Américaines, croyant souffrir d'un excédant de poids, sont aux prises avec l'anorexie, la boulimie, ainsi que d'autres troubles alimentaires. Bon nombre d'entre elles n'ont pas cru les parents, les enseignants, les médecins et les amis qui leur ont répété maintes fois qu'elles n'accusaient pas de surpoids; elles ont refusé de croire la vérité à leur sujet.

Si quelqu'un vous dit que vous êtes fantastique aujourd'hui, ne négligez pas son commentaire; acceptez le fait que votre apparence est fantastique à ses yeux. Si on affirme que vous êtes vraiment intelligent ou très créatif, ne dédaignez pas le compliment en vous dépréciant ou en l'écartant par une remarque désobligeante envers vous-même. Admettez être intelligent à certains égards et jusqu'à un certain point. Comme la personne qui vous adresse le compliment tente de vous exprimer sa considération à votre sujet, recevez le compliment et acceptez d'être apprécié.

Il arrive que quelqu'un réponde *merci* lorsqu'on le complimente, mais qu'après il se dise que la personne ne le pensait pas vraiment, qu'elle ne faisait que le dire et que cette personne devrait cesser de lui dire de telles choses. S'il vous arrive d'avoir ce genre de réflexions, notez ce qui suit : vous ne chérissez pas ni n'appréciez certains aspects de vous à leur juste valeur. Un chirurgien me raconta l'histoire d'un de ses patients victime d'un terrible accident d'automobile. C'était une jolie adolescente dont l'accident avait horriblement mutilé le visage. Quelques années après l'événement, elle avait subi plusieurs interventions de chirurgie plastique et tout le monde qui la rencontrait la trouvait même plus jolie qu'auparavant. Pourtant, elle se voyait toujours défigurée et mutilée, car elle refusait de croire la vérité qu'elle entendait. Elle dédaignait tous les compliments. En fait, elle se fâchait quand on lui disait qu'elle était très jolie.

Elle ne commença à avoir une autre image d'elle-même que le jour où une étrangère lui parla à l'église. Comme elles priaient ensemble toutes les deux, l'étrangère lui dit que le Seigneur l'avait pressée de lui transmettre un message. La jeune fille s'enquit de cette parole et la femme répondit : « Le Seigneur veut que tu saches qu'il te trouve belle et qu'il veut que tu commences à te voir comme il te voit. » La jeune fille se mit à pleurer et ne s'arrêta qu'après plusieurs heures. Croire la vérité à son sujet était très difficile, mais une fois qu'elle y arriva, l'amertume et la colère qui l'habitaient depuis l'accident se dissipèrent. Croire la vérité lui permit de connaître une guérison intérieure profonde, longtemps après la guérison de ses blessures physiques.

Avez-vous le courage de faire fi de tous les mensonges qu'on vous a dits et de recevoir la vérité que Dieu déclare à propos de votre vie? Avez-vous le courage de marcher selon cette vérité?

Acceptez-vous comme vous êtes, comme Dieu a voulu que

vous soyez. Effectuez les changements que vous êtes en mesure de faire, que vous avez besoin d'accomplir ou que Dieu vous demande de réaliser. Échangez les mensonges des autres contre la vérité de Dieu à propos de vous. Soyez disposé à vous laisser transformer par l'œuvre du Saint-Esprit et à développer votre personnalité comme le Seigneur veut que vous le fassiez. Croyez-moi, en retour, vous connaîtrez une grande et profonde paix.

Croyance essentielle n° 4 : Nous avons une place au sein de la famille à laquelle nous appartenons vraiment

Une personne qui se sent non désirée, rejetée ou continuellement isolée n'est pas en paix. Par conséquent, sentir que nous appartenons à quelqu'un ou à un groupe qui nous aime est vital.

Tout être humain désire aimer et être aimé. Lorsque nous sentons que nous sommes liés à quelqu'un qui nous apprécie, qui nous chérit et qui nous aime, nous ressentons une tranquillité et un calme profonds.

Dieu affirme de nombreuses fois que nous devons être en communion avec les autres croyants. D'ailleurs, la Bible dit clairement que nous ne devons pas abandonner le rassemblement de nous-mêmes (Hébreux 10. 25). Pourquoi? Parce que chacun des membres du Corps de Christ a reçu une personnalité unique, des habiletés et des compétences, au moins un don spirituel et des talents naturels. Dieu s'attend à ce que nous partagions ces attributs uniques avec les autres croyants dans l'amour et la générosité, afin que les besoins du Corps soient comblés et que l'Évangile soit répandu au-delà des murs de l'église. Dans l'Église, nous avons besoin les uns des autres; nous sommes membres les uns des autres.

Dans l'assemblée où je travaille comme pasteur, les membres représentent plus de cinquante nations. Quelle communion chaleureuse! Vous ne fréquentez peut-être pas une église aussi grande et diversifiée, mais, d'une certaine manière, vous appartenez à une telle église, car tous les croyants en Jésus-Christ sont tous membres de son Corps qui couvre toute la terre. Comme nous sommes chrétiens, nous sommes liés à tous les autres croyants par le Saint-Esprit. L'apôtre Paul à écrit : « Il n'y a plus ni Juif ni Grec, il n'y a plus ni esclave ni libre, il n'y a plus ni homme ni femme; car tous, vous êtes un en Jésus-Christ. Et si vous êtes à Christ, vous êtes donc la postérité d'Abraham, héritiers selon la promesse » (Galates 3. 28, 29) et « Il y a un seul Corps et un seul Esprit, comme aussi vous avez été appelés à une seule espérance par votre vocation; il y a un seul Seigneur, une seule foi, un seul baptême, un seul Dieu et Père de tous, qui est au-dessus de tous, et parmi tous, et en tous » (Éphésiens 4. 4-6).

Au cours de la nuit précédant sa crucifixion, Jésus a prié pour ses disciples et pour nous en ces termes : « Ce n'est pas pour eux seulement que je prie, mais encore pour ceux qui croiront en moi par leur parole, afin que tous soient un, comme toi, Père, tu es en moi, et comme je suis en toi, afin qu'eux aussi soient un en nous, pour que le monde croie que tu m'as envoyé. Je leur ai donné la gloire que tu m'as donnée, afin qu'ils soient un comme nous sommes un – moi en eux, et toi en moi – afin qu'ils soient parfaitement un, et que le monde

Comme nous sommes chrétiens, nous sommes liés à tous les autres croyants par le Saint-Esprit.

connaisse que tu m'as envoyé et que tu les as aimés comme tu m'as aimé » (Jean 17. 20-23).

Jésus a prié pour que nous ayons un fort sentiment d'appartenance à Dieu ainsi que les uns aux autres, au point que nous soyons *un* dans les convictions, la communion, la communication, la foi et la vocation.

Nous nous sentons complètement seuls à un moment ou à un autre. Est-ce que je me sens seul parfois? Oui, mais je sais ce que je dois faire dans ces moments-là. J'approfondis ma relation avec le Seigneur Jésus-Christ et je téléphone à des amis pour qu'ils viennent me visiter ou que nous sortions ensemble. Nul ne doit accepter que la solitude fasse partie intégrante de sa vie; Dieu ne désire pas que la solitude soit l'état permanent de qui que ce soit. Une profonde solitude ne peut cohabiter avec la paix.

Depuis toujours, Jésus a appelé les membres de son peuple à être associés les uns aux autres. En effet, il a envoyé ses disciples deux par deux (Luc 10. 1); il a promis qu'il serait présent là où deux ou trois s'assembleraient à son nom (Matthieu 18. 20); et que si deux sur la terre s'accordent pour demander une chose quelconque, elle leur sera accordée (Matthieu 18. 19).

Une personne qui vit comme sur une île a opté pour l'isolement et la solitude et a coupé le contact avec les autres. Une telle personne ne peut vivre de cette façon longtemps sans qu'une profonde agitation envahisse son cœur.

Mettez votre foi en Dieu pour qu'il vous aide à acquérir un fort sentiment d'appartenance à lui et qu'il vous donne une « famille » de croyants à laquelle vous appartiendrez.

À mesure que vous croissez, allez vers les autres en tissant des liens d'amitié. Donnez généreusement et véritablement votre temps et offrez des paroles d'affection sincères, une oreille attentive, du réconfort et des encouragements. Aimez les autres de l'amour du Seigneur qui coule sur eux à travers vous.

Devenez un membre fidèle et loyal de votre église. Trouvez une communauté à laquelle vous appartiendrez réellement et dont vous nourrirez les membres. Tout en vous liant aux autres croyants, encouragez les non-croyants à se joindre à votre groupe et à prendre part à cette chaleureuse communion.

Croyance essentielle n° 5 : Nous nous accomplirons dans le plan de Dieu

Pour connaître une réelle paix intérieure, nous devons savoir que nous sommes compétents pour réaliser quelque chose, capables et habiles. Le monde entier peut considérer cette « chose » comme un service ou une tâche domestique. Quoi qu'il en soit, si vous êtes capable de l'accomplir et que vous savez que vous le faites bien, vous êtes compétent!

Il y a bien des années, je dînai avec un groupe de personnes dans un des restaurants d'une chaîne populaire. De notre table, nous pouvions voir les employés qui cuisinaient les plats à préparation rapide dans la cuisine. Une des dames de notre groupe qui savait cuisiner des repas gastronomiques affirma, après avoir observé les cuisiniers au travail : « J'aime cuisiner et je le fais bien, mais laissez-moi vous dire que je ne pourrais jamais faire ce que ces gens font. »

– Que voulez-vous dire? demandai-je.

– Je serais incapable de jongler avec tant de commandes, de préparer autant de plats différents, de recevoir les commandes de plusieurs serveuses à la fois, de préparer un repas en quelques minutes et de m'occuper de nettoyer le grill et faire frire les frites en même temps.

Une paix merveilleuse nous envahit lorsque nous nous savons capables de bien performer ou de faire du bon travail, que nous soyons un violoniste de concert qui s'apprête à monter sur scène, un joueur de base-ball qui quitte le banc pour se rendre au rectangle du frappeur, une mère qui change son bébé tout en gardant l'œil sur son enfant de deux ans, un avocat qui se prépare à présenter son plaidoyer devant un jury, un enseignant sur le point d'accueillir sa classe à la rentrée, un chirurgien prêt à entrer dans la salle d'opération ou un employé de casse-croûte qui commence à préparer un hamburger au fromage.

Rejetons le doute persistent qui nous assaille

Les personnes qui se croient incompétentes ont toujours l'impression qu'elles sont sur le point d'échouer. Elles se disent souvent qu'elles ne savent pas vraiment comment faire et qu'on le découvrira bientôt; qu'elles vont blesser quelqu'un, car elles ne sont pas assez bonnes pour accomplir leur tâche; ou qu'elles ne devraient pas être en train d'exécuter telle ou telle tâche. Ces doutes minent la paix intérieure.

Dieu désire que chaque personne développe les aptitudes et les talents qu'elle a reçus à la naissance et qu'elle devienne compétente dans chacun de ces domaines. De plus, il veut que chacun exerce le don spirituel qu'il a reçu au moment où il a été sauvé. Transformer nos talents et nos aptitudes en compétences fait partie de nos responsabilités. Nous avons parfois besoin d'être formés, d'acquérir des connaissances particulières ou d'effectuer des tâches répétitives pour y arriver, mais nous avons toujours besoin de nous y exercer. Personne n'est compétent la première fois qu'il pratique une activité, ni l'enfant qui apprend à marcher et à se nourrir seul, ni le stagiaire en affaires qui apprend à échanger des actions en Bourse, ni le prédicateur qui s'avance vers la chaire pour la première fois. Nous pouvons être d'excellentes recrues dans bien des domaines, mais, honnêtement, nous devons reconnaître que nous ne sommes jamais experts dès le premier essai.

Continuons d'apprendre et de mettre en pratique

Dieu désire que nous développions nos talents, nos aptitudes et nos dons spirituels chaque jour de notre vie. Ne cessons jamais de nous exercer ni d'apprendre, même si nous gagnons une grande expérience et si nous acquérons une grande compétence. On m'a dit que les pianistes de concert répètent toujours les gammes régulièrement, et que les meilleurs athlètes s'entraînent toujours et font des exercices de base au cours des camps d'entraînement et des séances de réchauffement, même s'ils ont joint les rangs professionnels depuis des années.

La photographie – prendre les clichés, développer les négatifs et les imprimer dans ma chambre noire – est mon passe-temps favori. Sans exagérer, j'ai pris des dizaines de milliers de photographies dans ma vie. J'ai aussi assisté à des colloques et j'ai écouté des experts à de nombreuses occasions. De plus, j'ai pris l'habitude de lire des magazines et de consulter d'autres sources d'information qui décrivent les nouvelles techniques de développement de photos ou qui traitent des appareils photographiques et des pellicules. Je suis un bien meilleur photographe qu'il y a trente ans et je suis convaincu que je ne suis pas aussi bon que je le serai dans dix ans. J'ai l'intention d'apprendre et de m'améliorer pour le reste de ma vie.

Dieu ne vous conduira pas dans une voie sans vous aider à devenir le « meilleur » que vous êtes en mesure d'être dans ce domaine. Il ne vous donnera pas un talent sans vous offrir d'occasions pour le découvrir, l'utiliser, le développer, l'exercer et le parfaire.

Mettons notre confiance en Dieu pour qu'il nous aide à apprendre et à croître

Je vous en prie, ne vous méprenez pas sur mes propos au sujet de la compétence. Il est tout à fait normal de se sentir incompétent ou incapable jusqu'à un certain point. Ces sentiments peuvent se manifester de deux façons :

- l'incompétence : « Je ne peux faire cela parce que j'ai des lacunes. »
- l'incapacité : « Je ne peux le faire par ma propre force. »

L'apôtre Paul a écrit : « Ce n'est pas à dire que nous soyons par nous-mêmes capables de concevoir quelque chose comme venant de nous-mêmes. Notre capacité, au contraire, vient de Dieu » (2 Corinthiens 3. 5).

Le fait que nous puissions toujours continuer d'apprendre et de nous développer prouve que nous ne serons jamais totalement compétents dans quoi que ce soit. Nous pourrons toujours croître et cela fait partie du plan de Dieu pour nous. Nous ne deviendrons jamais parfaitement capables, car nous aurons toujours besoin que Dieu agisse en nous, pour nous et par nous; il est le seul qui puisse le faire. Dieu est l'auteur et le réalisateur de notre vie; non seulement de notre foi, mais de tout le potentiel qu'il a placé en nous.

Le fait que nous puissions toujours continuer d'apprendre et de nous développer prouve que nous ne serons jamais totalement compétents dans quoi que ce soit. Nous pourrons toujours croître et cela fait partie du plan de Dieu pour nous.

Étant pasteur, je sais que le Seigneur « complète » mes prédications, car j'entends souvent dire qu'il a fait en sorte que quelqu'un entende mon message avec un accent plus fort que celui que j'y ai mis en prêchant, ou qu'un sermon a eu plus d'influence que je ne l'aurais cru. Le Seigneur personnalise sa Parole, dont les prédications, pour chacune des personnes qui l'entend. Il agit ainsi pour que chaque auditeur reçoive la Parole dans son cœur, qu'il l'applique à sa vie et qu'il y réponde comme le Père le désire. Un sermon n'est par complet lorsqu'on le prononce, il ne l'est qu'après, lorsque Dieu en a fait quelque chose.

Le même principe s'applique à votre travail, quel qu'il soit. Vous pouvez enseigner du mieux que vous le pouvez, mais seul Dieu peut compléter le processus d'apprentissage qui a lieu dans le cœur et le cerveau des élèves. Vous pouvez effectuer une intervention chirurgicale avec toute votre habileté, mais Dieu achèvera la guérison du patient. Vous pouvez planter des graines, les arroser, les fertiliser et cultiver un champ, mais Dieu seul peut en faire une moisson.

Ne vous limitez jamais lorsque vous ne vous sentez pas parfaitement compétent en vous disant : « Je ne peux pas, je ne peux pas. » Dites-vous plutôt : « Par la grâce de Dieu, avec son aide, j'y arriverai. Le Seigneur est ma capacité, il vit en moi et il me rendra capable d'accomplir toutes les tâches qu'il m'appelle à effectuer. Il me donnera l'intuition, la connaissance, la direction, la force, l'énergie, la vitalité, la concentration, l'appui, les contacts, bref, tout ce qui m'est nécessaire ! »

Tournez-vous vers Dieu chaque fois que vous vous sentez incapable et dites-lui : « Je me sens incapable, mais je crois que tu es ma capacité. » Si vous vous sentez ignorant, croyez qu'il est la source de votre sagesse; si vous vous sentez épuisé, croyez qu'il est votre force; si vous vous sentez sans ressources adéquates, croyez qu'il pourvoira en toute chose.

Paul a dit : « Je puis tout par celui qui me fortifie » (Philippiens 4. 13). Il a aussi écrit que Dieu lui avait affirmé : « [...] ma grâce te suffit, car ma puissance s'accomplit dans la faiblesse [...] » et Paul a répondu : « Je me glorifierai donc bien plus volontiers de mes faiblesses, afin que la puissance de Christ repose sur moi [...] car, quand je suis faible, c'est alors que je suis fort » (2 Corinthiens 12. 9, 10).

Paul savait que, dans toutes ses faiblesses, Christ ne se contenterait pas de pallier ses manques, mais que le résultat de son intervention serait bien supérieur à tous ceux que l'apôtre aurait pu obtenir sans Christ. Le Seigneur fait la même chose pour nous. Lorsque nous nous appuyons sur Jésus-Christ pour qu'il soit notre capacité, il agit et nous rend « supérieurs » à ce que nous pourrions être grâce à notre force, à notre intelligence et à nos aptitudes. Si nous voulons lui faire confiance et compter sur lui, il prendra tout ce que nous lui offrirons – notre mieux – et il le bonifiera par sa présence, sa puissance, sa sagesse et son Esprit créateur. Ce qu'il produira sera supérieur à tout ce que nous pourrions réaliser physiquement, naturellement ou matériellement.

Nous affrontons tous des situations inconnues. Toute aventure nouvelle – déménager pour entrer à l'université, se marier, avoir un enfant, débuter un nouvel emploi, démarrer une entreprise, changer de carrière, joindre un ministère d'évangélisation – met nos compétences à l'épreuve. Si vous attendez de tout connaître avant d'essayer quelque chose de nouveau, vous ne le ferez jamais. La foi est nécessaire pour entreprendre un nouveau projet et elle s'exprime ainsi : « Je ne suis peut-être pas capable par moi-même, mais Christ habite en moi et il y accomplit son plan et son dessein. Je suis donc capable! »

Une personne qui croit être un *échec* n'est pas en paix, tout comme celle qui a l'impression de marcher sur une mince couche de glace, ou celle qui en a par-dessus la tête ou encore qui prend plus de responsabilités que ce qu'elle peut porter.

Croyez Dieu lorsqu'il vous dit qu'il vous aime. Croyez qu'il vous aidera à accomplir toutes les tâches auxquelles il vous appelle.

Ne mettons jamais en doute notre but

Enfin, lorsque Dieu vous révèle son plan pour vous, ne le dénigrez jamais en disant : « Je ne suis qu'un… »

Toute œuvre honnête, morale et pieuse est digne d'être récompensée, digne de respect et d'être accomplie de votre mieux.

Pourquoi est-ce que j'accorde une si grande importance à vos croyances au sujet de Dieu?

Pour quelle raison est-ce que j'accorde une si grande importance à ce que vous croyez au sujet de Dieu et à votre relation avec lui?

Je le fais parce que, si vous ne croyez pas sincèrement que Dieu est souverain; si vous ne croyez pas qu'il pourvoira à tous vos besoins matériels, physiques, émotionnels et spirituels; si vous ne croyez pas qu'il vous considère digne d'être aimé ou qu'il se soucie de votre solitude; si vous ne croyez pas qu'il a un plan dans lequel vous vous réaliserez et serez pleinement satisfait, vous ne lui ferez jamais confiance et vous n'accomplirez pas ce qu'il vous demande. Vous ne croirez pas qu'il vous donne sa paix et vous ne vous placerez jamais dans une position pour recevoir toutes les bénédictions dont il veut vous combler.

Autant il est indispensable de ne pas céder la paix que vous avez, autant il est vital d'adopter, d'embrasser des convictions justes à propos de Dieu et de sa relation avec vous, ainsi que de s'y engager.

Si vous ne vous accrochez qu'à des vérités relatives, si vous compromettez facilement vos croyances ou si vous n'avez aucune vraie conviction, vous ne connaîtrez jamais la paix profonde. Vous ne pourrez jamais la goûter, car vous serez toujours inconstant, vous passerez continuellement d'une émotion à l'autre, d'une opinion à l'autre. Vous n'arriverez jamais à vraiment régler les grandes questions de la vie dans votre cœur et dans votre esprit.

Examinez votre vie. Expérimentez-vous une tranquillité profonde? Chérissez-vous réellement qui vous êtes, votre but sur la terre et les traits que Dieu vous a donnés? Croyez-vous que Dieu a un plan et un but pour vous? Croyez-vous qu'il vous a préparé une place au sein d'un groupe auquel vous appartiendrez, et où vous serez aimé?

Si ce n'est pas le cas, demandez au Seigneur de résoudre

votre conflit intérieur. Il désire que vous soyez serein afin de jouir de votre vie, de vos relations avec les autres et de votre relation avec lui. Il veut coller les fragments, assembler les pièces de votre vie et calmer l'agitation de votre cœur. Il souhaite vous donner la paix, apaiser votre tourmente intérieure.

6

L'EFFET DES PENSÉES SUR LA PAIX

Il y a quelques années, j'ai effectué un voyage dans les Rocheuses canadiennes pour y prendre des photos. Après quelques jours dans cette région magnifique, je souhaitai voir quelques flocons. Dans les montagnes, la neige donne un effet extraordinaire; les photographies de montagnes, de conifères ainsi que d'autres particularités d'un terrain accidenté sont plus contrastées et plus intéressantes après une chute de neige, surtout s'il s'agit de photos en noir et blanc. Un soir en allant me coucher, j'ai prié pour qu'il neige; je n'en demandai pas trop, bien sûr, mais « juste assez ».

Vers le milieu de la nuit, je me suis réveillé avec un poids important sur le thorax et sur les jambes : ma tente s'était effondrée. *Un ours!* fut la première pensée qui me vint à l'esprit. J'étais certain qu'un ours s'était précipité sur ma tente pour y trouver un encas... et je ne voulais pas l'être!

Je restai allongé, parfaitement immobile, reconnaissant de pouvoir encore respirer. Comme je n'entendais pas d'ours et que je ne sentais aucun mouvement, je finis par me tortiller un peu, pousser la tente et ramper jusqu'à l'extérieur.

S'agissait-il d'un ours? Non, mais plutôt d'une couche de neige de 15 centimètres qui couvrait notre campement, nos tentes et tout notre matériel. Ma tente s'était donc écroulée sous le poids de cette lourde neige matinale.

Même si j'avais prié pour cette chute de neige, elle me surprit. Lorsque ma tente céda sous la charge, mon esprit ne conclut pas *qu'il avait sûrement neigé*, il déduit plutôt que *j'allais me faire dévorer vivant,* et mon corps réagit conformément à ma pensée. Si j'avais cru qu'il avait neigé, je n'aurais pas été paralysé par la peur.

Même si nous savons que c'est la réalité, la plupart d'entre nous ne voulons pas reconnaître que *nos pensées influencent dans une grande mesure nos paroles et nos actions.* Nos pensées, qui découlent de nos convictions profondes, sont en quelque sorte les contrôleurs de trafic de notre vie. En effet, elles déterminent les endroits où nous allons, les activités auxquelles nous nous livrons et la façon dont nous les pratiquons, les personnes que nous laissons entrer dans notre vie, ainsi que de nombreux autres facteurs dont dépendent notre réussite ou notre échec ultime.

Votre façon de voir les gens peut aussi prédisposer la manière dont vous les traitez, et votre perception des situations devient la manière dont vous y réagissez. Les choses auxquelles vous attachez de l'importance deviennent « vos priorités »; elles orientent votre planification hebdomadaire, votre horaire de la journée ainsi que vos plans et vos objectifs.

Prenez la décision de changer votre façon de penser

La plupart des gens ne sont pas ce qu'ils croient être; leur perception d'eux-mêmes est exagérée, erronée ou négative. Humainement, nous tendons vers l'orgueil, l'erreur, une faible estime de soi ou une combinaison de ces défauts. Notre perception de nous-mêmes est souvent faussée par l'autojustification, les désirs égoïstes et l'influence des gens de notre entourage.

Bien des personnes ont une vie difficile, semblable à du béton; tout y est mélangé et extrêmement dur. Elles ont acquis un méli-mélo de bonnes et de mauvaises pensées qu'elles confondent avec leurs désirs charnels et elles endurcissent leur cœur à tout changement spirituel. La Parole de Dieu les qualifie de peuple au *cou raide* ou de personnes au *cœur de pierre*. Elles s'entêtent à vivre selon leurs propres règles et leurs pulsions, sans se préoccuper des blessures qu'elles infligent aux autres et sans se soucier le moins du monde de la volonté de Dieu.

Non, la plupart d'entre nous ne sommes pas ceux que nous croyons être; nos pensées sont marquées de cicatrices et doivent être transformées.

Comment puis-je affirmer cela? Je sais que c'est la réalité, puisque les nombreuses personnes que j'ai côtoyées dans ma vie ainsi que la Parole de Dieu me l'ont appris. La Bible nous appelle à renouveler notre intelligence, c'est-à-dire à la changer – échanger nos vieilles perceptions, opinions, idées, croyances et attitudes centrées sur nous-mêmes contre de nouvelles que Dieu fait croître en nous. La majorité des croyants matures affirmeront qu'ils nourrissent cette nouvelle façon de penser à la lecture régulière et à la méditation des Écritures. Les disciples de Christ sont exhortés à ne pas se conformer au siècle présent, mais à être transformés par le renouvellement de l'intelligence, afin de discerner la volonté de Dieu, ce qui est bon, agréable et parfait (Romains 12. 2).

Le renouvellement de notre intelligence entraîne un changement dans l'expression de notre pensée et dans notre comportement. Puis, nos relations avec les autres en sont transformées, et, à son tour, notre entourage immédiat en bénéficie. Tout débute dans notre esprit, avec ce que nous choisissons de penser et ce sur quoi nous décidons de nous attarder.

Sept catégories de pensées qui anéantissent la paix

Sept catégories de pensées font obstacle à la paix :

1. Les mauvaises pensées

Les mauvaises pensées comprennent la convoitise du pouvoir, de l'argent, du prestige et des relations sexuelles en dehors du mariage. La convoitise et la paix ne peuvent habiter le même cœur. Si, d'une part, la convoitise est un désir puissant qui, à la fois, attire et contraint à désobéir aux commandements de Dieu, d'autre part, la colère, la rancœur, la jalousie, l'amertume, la haine, les peurs oppressantes et le désir de vengeance sont contraires à la Parole de Dieu et font partie des pensées qu'elle qualifie de mauvaises, car elles éloignent les personnes de Dieu plutôt que de les attirer à lui.

Une personne en colère, amère ou rancunière n'est pas en paix, pas plus que celle qui est consumée par la convoitise de la sexualité, des biens matériels, d'une situation prestigieuse ou du pouvoir.

> *La convoitise et la paix ne peuvent habiter le même cœur.*

Un cœur plein de haine et de vengeance, tout comme un esprit cupide et envieux, ne peut être rempli de paix. Une personne pleine de préjugés, qui refuse de reconnaître ses torts même devant une preuve accablante, ne peut connaître la paix.

Un individu dominé par la peur n'est pas en paix.

Le Malin nous trompe en nous donnant l'illusion que nous

pouvons nourrir de mauvaises pensées, garder de mauvaises attitudes et pécher tout en étant en paix. En réalité, nous ne pouvons jouir de la paix tant que nous n'affrontons pas nos pensées, que nous ne les confessons pas à Dieu pour être pardonnés et que nous ne faisons pas confiance au Saint-Esprit pour qu'il les transforme afin qu'elles soient positives et conformes à sa volonté.

2. Des pensées limitatives

J'ai entendu de nombreuses personnes dirent qu'elles savaient que Dieu les appelait, mais qu'elles ne pouvaient pas œuvrer dans le ministère. D'autres ont affirmé qu'elles savaient que Dieu voulait leur donner quelque chose, mais qu'elles ne se sentaient pas qualifiées ou dignes de le recevoir; d'autres encore ont déclaré que les personnes qui ont le même arrière-plan qu'elles ne s'en sortent jamais.

Les pensées avilissantes viennent de profonds sentiments de rejet, de manque d'amour ou de l'impression d'être indigne. Bon nombre de ces sentiments prennent leur source à la petite enfance. En tant que parents, vous avez le pouvoir de mener votre enfant vers une vie pleine d'anxiété et de tourmente intérieure si vous lui communiquez qu'il est indésirable, détesté, sans talent, qu'il ne mérite rien ou qu'il n'a aucune aptitude.

Plus vous vous rabaissez, plus vous rejetez la puissance de Dieu qui peut vous élever. Plus vous dénigrez les dons et les talents que le Seigneur vous a offerts, moins vous chercherez à les développer.

Une personne qui se rabaisse est agitée, frustrée et anxieuse, car une partie de son potentiel désire être utilisée, mais la pensée avilissante refoule ce potentiel et l'empêche de s'exprimer. Cette personne ne connaît donc pas la paix.

3. Les pensées fausses

Parfois, nous ne pensons pas « correctement », car nous sommes ignorants. En effet, nous ne connaissons pas exactement les motifs d'une personne, certaines circonstances ou certains faits.

La plupart des gens ont tendance à penser du mal des autres plutôt que du bien. Si nous croyons qu'une personne est méchante, qu'elle n'est pas digne de confiance, qu'elle ne mérite pas notre temps ou notre attention, qu'elle n'a pas de valeur aux yeux de Dieu, qu'elle est malhonnête, blessante ou mauvaise, nous ne voudrons pas être en relation avec elle. Nous éviterons de nous approcher d'elle ou de lui être vulnérable. Cette personne nous inspirera de la crainte ou de l'anxiété, des sentiments qui sont incompatibles avec la paix.

Parfois, notre évaluation des autres est juste, d'autres fois, elle ne l'est pas. Ce que nous qualifions d'attitude hautaine ou indifférente peut être en réalité une attitude réservée et tranquille. Nous percevons souvent la confiance en soi comme de l'orgueil et nous voyons de la manipulation au lieu d'un désir d'aider l'autre.

Il est primordial de nous assurer que nos perceptions sont exactes, ainsi que d'évaluer les raisons qui sous-tendent telle ou telle opinion sur une personne. Vos opinions sur cette personne sont-elles constantes ou varient-elles selon les circonstances et les situations? Demeurent-elles les mêmes devant d'autres personnes?

Penser que nous sommes seuls et isolés est une autre erreur grave, car personne n'est réellement seul; Dieu a un ami, un mentor, un conseiller, un pasteur, un enseignant, un conjoint ou un voisin en réserve pour chacun d'entre nous. Celui qui affirme être seul croit qu'il ne reçoit rien. L'antidote à la solitude est donc de se donner aux autres, de transformer la pensée *Je devrais recevoir* en *Je dois donner*. Si vous le faites, vous ne serez jamais seul, puisque vous serez en relation avec les autres.

> *Personne n'est réellement seul; Dieu a un ami, un mentor, un conseiller, un pasteur, un enseignant, un conjoint ou un voisin en réserve pour chacun d'entre nous.*

Quelqu'un a besoin de ce que vous avez à offrir : votre oreille attentive, vos sages conseils, votre aide, vos prières ferventes ou simplement votre présence. Trouvez où donner et vous ne serez pas seul; vous y trouverez probablement l'ami que Dieu a pour vous, que ce soit le bénéficiaire de votre aide ou un donateur comme vous.

Fausses pensées à propos de Dieu. Malheureusement, de nombreuses personnes pensent du mal de Dieu et non du bien! J'ai précédemment mentionné des mauvaises perceptions déplorables au sujet de Dieu; j'y reviens pour insister sur leur folie.

Dans ma vie, j'ai entendu maintes et maintes personnes blâmer Dieu pour des tragédies, des catastrophes ou la perte d'un être cher. Pourtant Dieu n'envoie pas de tragédies dans la vie de personne, c'est l'œuvre de l'ennemi de notre âme. Blâmer Dieu pour ce qui a mal tourné dans notre vie, dont les injustices, les sévices, les préjudices que nous avons subis, c'est refuser de lui faire confiance. Pourtant, la confiance en Dieu est au cœur de la paix.

Prenez quelques instants pour imaginer un bébé ou un jeune enfant qui dort paisiblement ou qui reste éveillé calmement dans les bras de sa maman. Ce bébé fait totalement confiance à sa mère, il se sent en sécurité dans ses bras, et c'est pour cette raison qu'il est paisible.

Par contre, si l'enfant est dans les bras d'un inconnu, d'une personne qu'il ne connaît pas et à qui il ne fait pas confiance, il sera agité, grognon et anxieux; il se mettra probablement à pleurer et ne sera pas en paix.

Ce même principe s'applique à nous. Toute pensée qui réduit notre confiance en Dieu nous rend anxieux.

Fausses pensées au sujet de la Parole de Dieu. Bien des gens ont de faux concepts à propos de la Bible. Ils imaginent, en effet, qu'elle n'est pas exacte, qu'elle n'est pas la Parole de Dieu, qu'elle ne s'applique pas de nos jours ou qu'elle n'a rien à voir avec leur vie quotidienne. Tout cela est faux. Toute personne qui met en doute l'exactitude ou la véracité de la Parole de Dieu ne possède pas les fondements nécessaires pour recevoir la paix que Dieu offre. En effet, sans la Bible nous n'avons aucune base pour faire confiance à Dieu, ni pour recevoir son pardon ni pour connaître avec certitude ce qui est bien et ce qui est mal. Sans elle, nous ne pouvons savoir comment établir une relation durable avec Dieu et des relations paisibles avec les autres.

Fausses pensées sur le salut. Voici les trois erreurs majeures que j'ai entendues au sujet du salut :

- *J'ai trop péché pour être sauvé.* Les Écritures qualifient souvent le Seigneur de *lent à la colère*, ce qui signifie qu'il est patient. Elles montrent qu'il est riche en miséricorde, c'est-à-dire qu'il est prêt à nous pardonner au moment où nous nous tournerons vers lui pour confesser nos péchés et recevoir sa grâce. Depuis la fondation du monde, Dieu désire que nous recevions Jésus comme notre Sauveur et que nous vivions avec lui pour l'éternité.

- *J'ai commis le péché impardonnable.* Le fait même que vous vous demandiez si vous avez commis le péché impardonnable indique que vous n'en êtes pas coupable. En effet, les gens qui l'ont commis ont rejeté Dieu à un point tel qu'ils n'ont absolument pas le désir de le connaître ou d'être en relation avec lui. Ils ont complètement évacué Dieu de leur conscience; ils n'ont pas de conscience. Je doute fort que ce soit votre cas, puisque vous lisez le présent livre!

- *Je suis sauvé, mais j'ai peur de perdre mon salut.* La Bible nous dit que l'esprit des personnes qui ont reçu Jésus comme leur Sauveur est né de nouveau. Comme elles sont *nées* par le Saint-Esprit, elles ne peuvent revenir en arrière, car le Saint-Esprit les a *scellées*; elles sont enfants de Dieu pour toujours. Personne ne peut faire quoi que ce soit qui puisse *desceller* ce que Dieu a scellé.

Vous pouvez négliger votre discipline spirituelle, vous pouvez vous éloigner de Dieu et ne plus avoir de relation étroite avec lui, vous pouvez être indifférent au coup de coude du Saint-Esprit et réaliser vos désirs iniques, vous pouvez manquer de nombreuses occasions et bénédictions que Dieu veut vous donner, vous pouvez ne pas répondre à l'appel de Dieu pour votre vie et ainsi passer à côté des récompenses éternelles qu'il avait prévues pour vous, mais je crois que vous ne pouvez pas *revenir* sur votre salut.

Les personnes qui ont réellement reçu Jésus-Christ comme Sauveur voudront le connaître davantage, lui obéir, le suivre et devenir mature dans leur foi. Au lieu de vous tourmenter à propos de votre salut, demandez-vous si vous avez complètement cédé votre vie au Seigneur. Si vous vous posez cette question, alors vous lui appartenez pour toujours. La conviction que vous ressentez au fond de votre cœur ne vise pas votre salut, mais votre relation avec Dieu. Le Saint-Esprit vous convainc de retourner à Christ et de vous rapprocher davantage de votre Seigneur.

Ces trois erreurs majeures à propos du salut peuvent vous troubler, car elles affaiblissent les fondements de votre foi. Au contraire, croire la vérité au sujet de Dieu et du pardon qu'il donne produit la paix.

Fausses pensées à propos de l'Église. Si l'idée que vous n'avez pas besoin d'être en communion avec d'autres croyants vous vient à l'esprit, vous vous isolerez, vous vous éloignerez de l'amitié véritable, vous perdrez des occasions pour exercer vos dons spirituels et bénéficier du ministère des autres. Puis, vous vous sentirez très probablement étouffé, seul ou spirituellement déconnecté. Vous pouvez aussi vous sentir rejeté, détesté, indésirable ou étranger aux autres. Aucune de ces émotions qui proviennent d'une fausse pensée, celle de croire que nous pouvons marcher seul, n'est compatible avec la paix. Dieu a fait de son peuple un *corps* pour que nous soyons en communion et pour que nous prenions soin les uns des autres (Romains 12. 3-13; 1 Corinthiens 12. 4-11; Hébreux 10. 25).

4. Les pensées irréalistes

Imaginez que je vous dise que je veux quitter le pastorat et devenir spécialiste des fusées d'ici cinq ans. Je ne pourrai jamais émettre un énoncé plus irréaliste que celui-là!

Chaque fois que nous nous fixons un but qui implique d'immenses efforts, une frustration intense, des échecs répétés ou la manipulation des autres, nous visons un objectif irréaliste; cela ne fait pas partie du spectre des aptitudes et des talents que Dieu nous a donnés et il est hors du plan de Dieu pour notre vie.

Je ne dis pas que la réalisation de nos buts ne requiert pas d'efforts, d'instruction, d'expérience et le développement de nos habiletés. Au contraire, ces facteurs sont indispensables à l'accomplissement de tout objectif valable. Les aptitudes et les talents que Dieu nous a donnés ne sont pas à pleine maturité; nous avons la responsabilité devant Dieu de les affûter et de les parfaire à l'usage.

Par contre, c'est tout à fait différent de tenter de devenir chanteur d'opéra si on est incapable de chanter; d'entreprendre une carrière de gymnaste à l'âge de trente ans, avec 1,82 m de grandeur et de gros os; de désirer être conservateur d'une galerie d'art tout en étant daltonien; de choisir de devenir comptable si on est nul en mathématiques; de se lancer en soins infirmiers si on n'aime pas être en compagnie de malades et autres. Se fixer ainsi des objectifs irréalistes, c'est inviter l'anxiété, la frustration et l'agitation à s'installer en soi.

Toute idée qui s'oppose au plan de Dieu pour votre vie, à ses commandements ou au salut qu'il offre n'est pas fondée sur la réalité, mais elle repose sur une faille. Elle agitera votre esprit et en chassera la paix.

Dieu ne vous communiquera jamais d'idée irréaliste.

Vraisemblablement impossible et irréaliste ne sont pas synonymes. Vous vous dites peut-être que le Seigneur vous pousse à atteindre un objectif qui vous semble impossible. C'est fort possible. Le Seigneur peut vous mettre au défi de vous lancer dans un projet apparemment impossible, mais il ne vous mènera pas vers une utopie.

Les objectifs « impossibles » que le Seigneur placent devant nous correspondent aux talents et aux aptitudes dont il nous a dotés. Nous ne pouvons les atteindre que par la foi, car ces buts ont une dimension spirituelle. Seul Dieu peut en agencer toutes les pièces; lui seul a la puissance de faire en sorte que la semence du temps, de l'effort et des habiletés greffée à cet objectif porte du fruit.

Il y a un certain nombre d'années, j'ai entendu un homme qui avait deux rêves. Premièrement, il désirait acquérir une assez grande superficie de terre agricole. Il n'y avait qu'un problème, ce terrain manquait d'eau pour produire des récoltes assez fructueuses pour régler les versements hypothécaires. Deuxièmement, il voulait donner un million de dollars, sur une période de 20 ans, pour que l'œuvre et le message du Seigneur soient répandus dans le monde.

Ses objectifs étaient-ils irréalistes? Non. L'homme cultivait déjà plusieurs centaines d'acres. Il avait grandi dans une famille de cultivateurs, il avait travaillé la terre toute sa vie et savait comment rendre la terre productive. Par ailleurs, il donnait fidèlement ses dîmes et ses offrandes. En effet, il offrait déjà près de 20 000 dollars par année à l'église. De plus, il avait la conviction que Dieu lui procurerait un moyen d'acheminer l'eau à la terre qu'il avait en tête; il avait déjà consulté des ingénieurs et des géologues à propos de divers plans d'irrigation. Il était si convaincu d'acheter la terre qu'il donna un acompte. Quelques semaines plus tard, le gouvernement annonça la construction d'un aménagement hydraulique d'une valeur de plusieurs milliards de dollars. Un des canaux principaux serait adjacent à la propriété que l'homme venait d'acquérir!

En une nuit, la valeur de sa terre avait quadruplé. Il en vendit quelques centaines d'acres au prix fort, ce qui lui permit d'exploiter la terre et d'y planter des semences très rentables. Il réalisa ainsi son deuxième rêve, il offrit un million de dollars à l'œuvre missionnaire en douze ans plutôt qu'en vingt.

Les rêves de cet homme étaient-ils irréalistes? Pas du tout! Ils correspondaient à ses aptitudes, à ses désirs, à son expérience et à son environnement. Étaient-ils impossibles? Selon bien des gens, oui. Ceux qui ne voyaient que la réalité du moment ne pouvaient imaginer qu'un jour cette terre pourrait produire des récoltes viables très rentables. L'homme devait marcher par la foi et attendre le temps prévu par Dieu. Son objectif n'était pas impossible, mais il semblait l'être.

5. Les pensées rebelles

Les gens qui entretiennent des pensées rebelles se disent : « Je sais ce que dit la Parole de Dieu, mais je ferai quand même ce que je veux. » Je me souviens d'avoir parler avec un homme assis sur son balcon. Il me fit part de ses intentions et je l'avertis que, s'il les mettait à exécution, il ne serait jamais en paix, car il allait violer la loi de Dieu. Il me regarda droit dans les yeux, me dit qu'il le savait, mais qu'il ferait quand même ce qu'il voulait. Je le suppliai de ne pas prendre cette décision et ajoutai qu'il ferait une terrible erreur. Et il répondit que, si c'était une erreur, elle serait son erreur.

Les événements se déroulèrent exactement comme il le voulait et comme je l'avais prédit. Ses choix détruisirent sa vie et celle d'innocents qui en subirent les conséquences.

La rébellion naturelle. Une certaine forme de rébellion nous semble naturelle.

Chaque fois que vous *sentez émotionnellement* qu'une idée est bonne ou qu'elle vous semble être la chose que tout humain ferait, arrêtez-vous. Réévaluez votre projet selon les commandements de Dieu, puisque ce que nous avons *envie* de faire est rarement la bonne chose à faire.

> *Chaque fois que vous **sentez émotionnellement** qu'une idée est bonne ou qu'elle vous semble être la chose que tout humain ferait, arrêtez-vous.*

Les désirs égoïstes – l'avidité, la convoitise, la soif de pouvoir – sont à la source de la plupart des pulsions de l'homme naturel. Lorsque nous agissons « naturellement », nous nous retrouvons presque toujours au milieu d'un désastre. Puisque nous opérons en dehors du plan de Dieu, il ne peut donc pas nous donner sa paix et ses bénédictions, car notre plan est contraire à sa volonté.

La rébellion hésitante. Je nomme la deuxième forme de rébellion, la *rébellion hésitante*. Une personne peut clairement savoir ce que Dieu veut qu'elle fasse, en avoir la confirmation et attendre en disant : « J'y réfléchis. » Son hésitation peut provenir de la peur ou du doute. Elle peut résulter d'un manque de foi, de l'impression de manquer d'énergie, de force ou de ressources pour accomplir la tâche, ou tout simplement de la paresse. Parfois, la personne ne veut pas faire l'effort nécessaire pour quitter sa zone de confort et relever le défi. Elle se rebelle donc en croyant connaître mieux que Dieu le moment approprié d'agir; elle se dit qu'elle fera ce que Dieu lui demande quand elle le voudra et non quand lui le veut.

L'exception. La troisième forme de rébellion s'exprime de la façon suivante : « Seigneur, je te cède toute ma vie, sauf ce domaine. » L'exception, le domaine que nous voulons garder est l'expression de la rébellion.

Nous sommes tous susceptibles d'entretenir des pensées rebelles. Ne présumez jamais être trop mature ou trop sage pour y glisser. Demandez plutôt au Seigneur de vous révéler les domaines dans lesquels vous vous entêtez à agir à votre guise, même si cela va à l'encontre de la direction, du moment et du désir de Dieu d'avoir toute votre vie.

Rien ne peut compenser une attitude ou une perception rebelle; aucune bonne œuvre ni offrande ne peut pallier la désobéissance. Le seul fruit que vous pourrez en tirer, c'est la tourmente intérieure; le cœur rebelle ne connaît pas la paix.

6. Les obsessions

Les pensées obsédantes harassent et dominent; elles divisent l'esprit et brisent le raisonnement. Une personne obsédée ne peut se concentrer que sur une chose : atteindre l'objectif visé ou posséder l'objet désiré.

Un désir de vengeance peut être obsédant. En effet, une personne peut vouloir se venger au point de mettre de côté ses responsabilités et ses activités normales. Ses paroles et ses actions gravitent autour d'une seule pensée : la vengeance.

Toutes ses réflexions convergent vers des représailles, un moyen de faire souffrir son présumé offenseur ou de perturber sa vie.

Bon nombre de personnes sont obsédées par leur apparence – les vêtements qu'elles portent, les biens qu'elles possèdent, leur auto ou leur maison. D'autres encore sont obsédées par le désir de n'être vues en public qu'avec les « bonnes personnes ».

Le caractère obsessif d'une pensée vient en partie de son côté dominateur ou possessif. L'attitude de cœur suivante est la source des obsessions : « Je dois avoir ceci. Je dois posséder cela, dominer telle chose, avoir telle chose, vivre telle expérience. » Une personne n'est pas en paix quand ce genre de pensée la domine.

Les pensées obsédantes conduisent toujours les gens à mettre quelqu'un ou quelque chose au-dessus de leur loyauté envers Dieu. Il est impossible de simultanément s'engager envers Dieu et d'être obsédé.

« Et les gens qui pensent constamment au travail? » dites-vous. Les bourreaux de travail peuvent effectivement être obsédés, jusqu'à négliger leur vie spirituelle et leur famille. Les obsessions n'engendrent pas une vie équilibrée et ne produisent pas de fruits éternels. Si vous vous rendez compte que vos pensées au sujet du travail accaparent toutes vos réflexions, préoccupez-vous-en. Par exemple, si vous vous apercevez que vous ne songez qu'à votre travail, au point où vous ne pouvez jouir de vos vacances, vous êtes obsédés. Demandez à Dieu de vous aider à faire de lui votre centre d'attention de nouveau.

Vous ne serez jamais en paix si vous vous laissez dévorer par une obsession.

7. L'esclavage

L'esclavage de la pensée est une étape plus profonde que l'obsession. Lorsque le raisonnement d'une personne est enchaîné, elle ne peut penser à autre chose même si elle le veut.

La plupart des personnes dépendantes ont un raisonnement esclave. Elles ne peuvent s'empêcher de penser à la chose dont elles sont dépendantes. L'alcoolique est toujours en train de planifier sa prochaine consommation, et le drogué songe constamment à sa prochaine dose. Les pensées liées à leur dépendance occupent leur esprit en tout temps.

Un péché habituel peut entraîner l'esclavage de la pensée. Par exemple, l'esprit d'une personne qui vole fréquemment peut être conditionné à penser à son prochain méfait. Cette personne se demande continuellement ce qu'elle pourrait voler et à qui. La pensée des gens qui s'adonnent à la pornographie ou à des comportements sexuels anormaux est esclave; la sexualité est le centre de leur vie.

Je dois posséder cette chose est la voix de l'obsession tandis que *Je ne peux vivre sans cette chose* est celle de l'esclavage.

Les cauchemars et l'utopie

Les types de raisonnement mentionnés précédemment ont lieu lorsque nous sommes éveillés. Bien des gens souffrent aussi à cause de cauchemars, un type de pensée consciente qui émane du subconscient. Les mauvais rêves peuvent être caractérisés par un comportement inique, impur, vindicatif ou haineux, ainsi que par tout autre comportement négatif. S'ils se répètent, ils peuvent très bien être le signe d'une obsession ou d'un esclavage inconscient.

Il ne s'agit pas des mauvais rêves qui nous empêchent de dormir lorsque nous avons mangé des plats épicés à une heure tardive. Je parle de cauchemars récurrents à cause desquels nous nous réveillons en sueur et terrorisés. Je parle des rêves auxquels nous ne pouvons nous empêcher de penser toute la journée le lendemain, de ceux qui nous hantent, des rêves dont les images et le langage négatifs sont extrêmement vifs.

Peut-être trouverez-vous opportun de jeûner et de prier sérieusement pour être libéré de tels cauchemars. La même tactique s'applique aux obsessions et à l'esclavage de la pensée. Vous devez rebâtir vos schèmes de pensée à partir de la Parole de Dieu. Ainsi, vos anciennes peurs et vos anciennes inquiétudes seront miraculeusement transformées par la puissance de Dieu.

Il y a quelques années, une dame me raconta son expérience. Ses cauchemars débutèrent après que son mari eut demandé le divorce pour s'engager dans une relation homosexuelle. Plusieurs fois par semaine, la femme rêvait que son ex-mari lui criait de sévères critiques jusqu'à ce que, dans son rêve, elle fonde en larmes. Puis, il s'en allait rapidement, la laissant seule à sa souffrance. Ses cauchemars la réveillaient souvent et elle se rendait compte qu'elle avait pleuré dans son sommeil; son visage était baigné de larmes. Le lendemain, elle ressentait la souffrance, la colère, la douleur et le rejet tout au long de la journée. Elle n'était pas en paix.

« Lorsque je pensais, au cours de la journée, au rejet et à la douleur que me causait le divorce, j'arrivais à les gérer, disait-elle. Je priais et je retrouvais la paix. Cependant, toutes mes prières ne semblaient pas me préserver de ces cauchemars. »

Un jour, une de ses amies vint lui rendre visite de bon matin et la trouva accablée, le visage défait par les pleurs. La femme avoua à son amie qu'elle luttait contre d'horribles cauchemars depuis plusieurs semaines et les lui décrivit. L'amie, qui était pieuse, lui proposa immédiatement de prier. Dans sa prière, elle demanda au Saint-Esprit de délivrer cette femme de son ennemi, de guérir son subconscient et de lui redonner la paix du Seigneur. La dame qui était hantée par les cauchemars me confia qu'elle n'en refit plus après cette prière.

Prier au sujet de nos mauvaises habitudes de pensée avec un ami spirituel qui met sa foi dans la Bible peut nous être extrêmement bénéfique. Nous pouvons aussi avoir besoin de consulter un conseiller chrétien ou un pasteur pour qu'il prie pour notre délivrance.

Ne laissons pas le cycle des cauchemars se perpétuer, car nous ne serons pas en paix tant qu'il ne sera pas brisé. Admettons que Dieu peut attirer notre attention sur un sujet particulier si celui-ci nous empêche de dormir.

Ne laissons pas le cycle des cauchemars se perpétuer, car nous ne serons pas en paix tant qu'il ne sera pas brisé. Admettons que Dieu peut attirer notre attention sur un sujet particulier si celui-ci nous empêche de dormir. Demandons à Dieu s'il tente de nous dire quelque chose ou si nous devons faire quelque chose pour avoir la paix d'esprit. Dieu répond précisément à ce type de prière sincère.

Les mauvais modes de raisonnement

Un jour, un homme qui m'écoutait expliquer ces pensées improductives s'exclama : « J'ai des pensées dans toutes ces catégories! » Il était estomaqué.

La plupart d'entre nous avons des pensées destructrices de temps à autre. La clé est de ne pas en faire un mode de pensée ou une habitude. Les pensées destructrices ne doivent pas engendrer des modes de pensée destructeurs.

Si nous nous apercevons que nous avons les mêmes pensées encore et toujours, si elles tournent en rond sans fin, nous avons établi un mode de pensée.

Comment pouvons-nous neutraliser ces pensées? Il s'agit de céder au Seigneur la clé de notre volonté et de lui dire : « Je ne peux changer ma façon de penser que je sais être contraire à ta Parole et à ton plan pour ma vie. Aide-moi! » Puis, choisissons délibérément de penser à quelque chose qui est en accord avec la Parole de Dieu et avec son plan pour notre vie.

Vous vous demandez peut-être comment il est possible de toujours avoir des pensées en accord avec la Parole. C'est impossible, à moins de fermer nos yeux, de boucher nos oreilles et de vivre dans une pièce sous vide afin de ne pas répondre aux perceptions, aux impressions et aux paroles du monde qui nous bombardent continuellement. Cependant, nous sommes capables d'empêcher les images et les impressions négatives de se loger dans notre esprit. Refusons de nous y attarder, de les répéter, de les visualiser sans cesse ou de les nourrir. Cessons de les entretenir.

Si vous êtes la cible de critiques ou d'actes méchants, vous pouvez empêcher que des idées au sujet de ces paroles ou de ces actions d'autrui rongent votre cœur. Vous pouvez vous tourner vers Dieu en disant : « Père, aide-moi à pardonner à cette personne, à fermer les yeux sur cet incident. Je remets cette personne entre tes mains pour que tu la juges et que tu t'en occupes. Je te livre cet incident, car je crois que tu le résoudras en ma faveur. »

Si vous ne trouvez pas le sommeil à cause d'une parole que vous avez entendue ou d'un événement dont vous avez été témoin, tournez-vous vers le Seigneur. Demandez-lui de l'effacer de votre esprit et de votre cœur, de vous libérer de cette image ou de cette idée négative, d'éloigner l'Ennemi de vous et de vous redonner sa paix.

Nous pouvons choisir

Nous contrôlons le mécanisme qui détermine nos pensées. En effet, nous avons tous la possibilité de choisir de penser à autre chose, puis de nous concentrer sur un nouveau sujet, une nouvelle tâche ou un nouveau problème à résoudre. Chacun d'entre nous peut choisir de croire Dieu ou de se laisser submerger.

En outre, un enfant de Dieu qui se dresse résolument contre les façons de penser qui sont nettement nuisibles recevra un moyen d'échapper à cette situation. Si nous faisons un pas dans la bonne direction, le Seigneur nous aidera à détourner notre attention de notre problème ou de notre mauvais mode de pensée pour la fixer sur autre chose. Certaines personnes dont les processus mentaux sont si malsains et si embourbés dans des voies impies peuvent avoir besoin de recevoir des conseils sages et professionnels inspirés de Dieu de la part d'un pasteur ou d'un conseiller. Admettons que demander de l'aide d'une personne qui a les habiletés et l'expérience requises en temps de besoin n'est jamais un signe de faiblesse ni une honte.

Garder nos cœurs... et notre paix

Vous rappelez-vous le texte cité précédemment que l'apôtre Paul, à un âge avancé, a écrit à ses amis de Philippes alors qu'il était emprisonné ?

« Ne vous inquiétez de rien ; mais en toute chose, faites connaître vos besoins à Dieu par des prières et des supplications, avec des actions de grâces. Et la paix de Dieu, qui surpasse toute intelligence, gardera vos cœurs et vos pensées en Jésus-Christ » (Philippiens 4. 6, 7).

Il leur a dit que les prières de foi et de reconnaissance leur assureraient une paix intérieure, quelles que soient les épreuves qu'ils devraient affronter. Essentiellement, il leur a expliqué qu'ils avaient un choix à faire : inviter Dieu à faire partie de leur vie par la prière et les actes de foi ou la vivre seul. Il leur a aussi écrit : « Au reste, frères, que tout ce qui est vrai, tout ce qui est honorable, tout ce qui est juste, tout ce qui est pur, tout ce qui est aimable, tout ce qui mérite l'approbation, ce qui est vertueux et digne de louange, soit l'objet de vos pensées. [...] Et le Dieu de paix sera avec vous » (Philippiens 4. 8, 9).

Ces versets résument extraordinairement bien le sujet du présent chapitre. Ils nous exhortent à fixer notre attention sur ce qui est vrai, noble, vertueux, aimable, pure et digne de louange et à le méditer.

Méditer signifie remplir l'esprit afin qu'il répète, énumère ou réitère constamment ce qui est bon. Il ne s'agit pas d'avoir une pensée passagère, mais au contraire, de réfléchir profondément à quelque chose, de l'analyser, de le considérer dans son ensemble et d'en rechercher la compréhension complète.

Un mot hébreu traduit par « murmure » est étroitement

associé à la méditation. Autrefois, les Juifs murmuraient les Écritures afin de les mémoriser. Seulement quelques personnes avaient accès aux parchemins. La plupart des gens entendaient la parole qui était lue au cours des prières et des cultes, et ils s'engageaient à la mémoriser en la répétant oralement encore et toujours dans leur esprit.

Croyez moi, si vous vous mettez à mémoriser une grande partie des Écritures, votre raisonnement se transformera au cours du processus. Vous ne pouvez tout simplement pas avoir de pensées négatives tout en songeant à la Parole de Dieu.

Si vous méditez sur les bonnes choses de la vie, votre esprit sera dominé, imprégné, entièrement captivé par de bonnes idées, de bons concepts et de bonnes intuitions.

Qu'est-ce que cela signifie pour notre vie? Lorsque nous choisissons de penser à ce qui nous inspire, nous encourage, nous enseigne et nous bâtit émotionnellement, nous désirons faire la volonté du Seigneur et lui demeurer fidèle. Quand nous choisissons de méditer sur sa majesté et sa gloire, notre foi et notre confiance en lui sont accrues.

Au bout du compte, la vérité réside en Dieu seul. Les pensées les plus nobles que nous puissions former sont celles qui le concernent. C'est lui qui incarne les plus hautes normes de justice; seul le Seigneur est absolument pur et bon. Les choses de Dieu sont les plus aimables, les plus vertueuses et les plus dignes de louange.

Pensez combien Dieu a été fidèle envers vous par tant de bonnes choses! Songez à son plan et à son but éternel pour vous, de même qu'à la demeure céleste qu'il vous prépare.

Nous ne pourrons jamais nous lasser de penser à la bonté et à la grandeur de Dieu. Notre louange envers lui est sans fin.

Choisissons d'agir comme Jésus agissait.
Entretenons notre vie de prière.
Gardons nos pensées.
Cherchons Dieu et ce qui est bon.

La Parole de Dieu nous promet que la paix de Dieu sera avec nous si nous remplissons notre esprit de ce qui est vertueux et digne de louange (Philippiens 4. 9).

7

VIVRE LIBRE DE TOUT REGRET

Je me rappelle avoir lentement raccroché le téléphone et avoir soupiré : « C'est arrivé. »

La voix à l'autre bout du fil était celle d'un avocat qui m'informait que ma femme avait déposé une demande de divorce.

J'avais été menacé de divorce pendant des années. Ma femme avait finalement quitté la maison le week-end précédent, et malgré cela, j'étais sidéré d'entendre la nouvelle.

Au cours des jours qui suivirent, maintes émotions et pensées diverses habitèrent mon cœur et mon esprit. Je ne voulais pas divorcer et j'ignorais comment empêcher ce malheur. Je ne savais pas à qui en parler ni comment le dire. Je savais, par contre, que je devrais un jour ou l'autre l'annoncer à l'église dont j'étais le pasteur, mais j'appréhendais la réaction du conseil et de l'assemblée. Ma seule certitude était la pression que m'infligeait la préparation du sermon du dimanche suivant.

Même si mes pensées s'agitaient à des millions de kilomètres à la seconde, j'étais convaincu au plus profond de mon cœur que :

- Dieu n'était pas surpris par la décision de ma femme;
- Dieu était souverain sur ma vie. Il avait permis que cet événement se produise et que ce dernier fasse partie de son plan pour ma vie;
- Dieu avait promis dans sa Parole qu'il ne me délaisserait jamais et qu'il ne m'abandonnerait jamais. Il avait promis

d'être à côté de moi à chacun de mes pas et que, par conséquent, toutes choses concourraient à mon bien éternel, si seulement je continuais à lui faire totalement confiance.

La situation présente créait la confusion dans mon esprit, tandis que la vérité invariable au sujet de Dieu me donnait la paix.

Près de huit ans après l'appel téléphonique de l'avocat, en juin 1993, le divorce que ma femme désirait lui a légalement été attribué. Depuis ce temps, les gens me disent :

« Vous regrettez sûrement votre mariage. »

« Vous regrettez sûrement d'avoir perdu la bataille pour sauver votre mariage. »

« Vous regrettez sans doute que toutes les tentatives de réconciliation aient échoué. »

Je réponds, en apparence, plutôt par le silence; mais ma réponse tacite, ma vraie réponse à de tels commentaires est : *De la tristesse, oui; des regrets, non.*

Oui, je suis triste que mon mariage se soit terminé en divorce.

Non, je n'éprouve pas continuellement un sentiment de regret.

Pourquoi en est-il ainsi? Parce que la source du regret est la culpabilité non résolue. Je sais que j'étais en paix avec Dieu. Par conséquent, j'ignore le regret et la culpabilité.

Cinq questions capitales au sujet du regret

Toute personne qui éprouve du regret par rapport à son passé devrait se poser les cinq questions suivantes.

Question 1 : Aurais-je pu faire quelque chose de plus?

Dans une situation, une personne peut généralement faire ou ne pas faire plusieurs choses. Si la situation implique une autre personne, les possibilités se compliquent.

Chacun d'entre nous doit relever un défi concernant le regret : déterminer ce qui se situait dans les limites de notre responsabilité, de notre pouvoir, de notre capacité et de nos choix. Certaines choses échappent tout simplement à notre contrôle; nous ne devrions pas nous en sentir coupables. Le regret ne se rapporte pas aux actions des autres ni à leurs responsabilités. Il ne concerne que ce que nous pouvons personnellement diriger, influencer ou choisir.

> *Le regret ne se rapporte pas aux actions des autres ni à leurs responsabilités. Il ne concerne que ce que nous pouvons personnellement diriger, influencer ou choisir.*

Si vous avez des pensées comme *J'aurais dû... Je devrais avoir...* ou *J'aurais aimé avoir fait...*, vous éprouvez du regret. La question que vous devez premièrement vous poser est *Pouvais-je?*

Parfois, je suis triste de ne pas avoir eu de père dans mon enfance. Mon père biologique est mort lorsque j'avais neuf mois. À mes neuf ans, ma mère s'est remariée, mais son mari n'est jamais devenu mon « père ». Je n'arrive pas à me rappeler d'une parole qu'il m'ait adressée ni d'une chose qu'il m'ait donnée. Il était violent sur le plan émotif. Je ne l'ai jamais appelé *papa*.

Je ne m'attarde pas sur le fait que je n'ai pas eu de père, car j'ignore ce que c'est que d'en avoir un. Dans ma jeunesse, je me demandais de temps à autre : *Comment serait ma vie actuelle si j'avais eu, enfant, un père qui marche avec le Seigneur?* Quoi qu'il en soit, je ne pourrai jamais avoir de réponse à cette question. Au bout du compte, je ne crois pas que ma vie aurait été différente de ce qu'elle a été. Pourquoi? Simplement parce que Dieu était mon père et qu'il l'est toujours. J'ai connu son amour, ses conseils, sa sagesse et ses provisions.

Est-ce que je regrette de ne pas avoir eu de père? Pas du tout. Cette situation échappait à mon contrôle et elle n'était pas sous ma responsabilité. Je ne me suis jamais dit : *J'aurais pu faire quelque chose.*

En consultation, une femme me confia qu'elle avait déjà quitté son mari, car il la maltraitait terriblement. Elle retourna vivre avec lui quelque temps plus tard. Elle me dit qu'elle n'aurait jamais dû y retourner et qu'elle regrettait de l'avoir fait. Il ne la battait plus, mais il usait toujours de violence psychologique envers elle, et la situation empirait avec le temps. Cette femme n'était pas en paix; elle a vécu la majeure partie de sa vie d'adulte dans la vallée des regrets.

Aurait-elle pu, à un moment ou à un autre, poser des actions pour échapper à cette situation dangereuse? Oui. Aurait-elle pu le quitter s'il refusait de suivre une thérapie ou s'il demeurait violent? Oui.

Il existe aussi des situations dans lesquelles les gens avouent avoir posé un geste qu'ils n'auraient pas dû poser.

Un de mes meilleurs amis, qui est mort récemment, me raconta, il y a de nombreuses années, avoir trouvé, deux semaines après son mariage, une note que sa femme s'était écrite à elle-même. Ce mot disait : *Je n'aimerai jamais un autre homme que...* et le nom d'un autre homme était inscrit. Mon ami fut infiniment blessé. Son épouse, la femme qu'il aimait de tout son cœur, s'était juré de ne pas aimer son mari, mais de continuer à aimer l'homme qu'elle aurait voulu épouser.

Il a vécu le reste de son mariage en connaissance de ce vœu.

Lorsque sa femme apprit qu'il était au courant de sa note, elle éprouva un profond regret. Elle se sentait coupable d'une chose qu'elle n'aurait pas dû faire.

Que pouvons-nous faire dans de telles situations?

Premièrement, la personne qui se sent coupable devrait demander pardon à Dieu en avouant son erreur, son péché, son mauvais choix et sa piètre décision.

Deuxièmement, elle devrait tenter de se racheter envers la personne qu'elle a blessée en admettant, encore une fois, la douleur qu'elle lui a infligée et en lui demandant pardon. Elle devrait ensuite chercher des formes de restauration et de réconciliation appropriées à la situation.

Le seul moyen de se sortir de ce type de culpabilité et de regret est le pardon, celui de Dieu, celui des autres et le sien propre.

Et si l'offensé refuse de me pardonner? Si vous demandez pardon à quelqu'un et que cette personne refuse de vous l'accorder, ce que Dieu attend de vous s'arrête là. Le pardon de Dieu couvrira vos fautes. Pardonnez-vous et allez de l'avant.

Si la personne contre qui j'ai péché est morte? Là encore, vous ne pouvez rien faire de plus. Vous n'avez besoin que du pardon de Dieu. Recevez-le et faites-vous grâce à vous-même.

Question 2 : Ai-je manqué de confiance envers Dieu?

Ma mère a regretté d'avoir épousé mon beau-père depuis le jour de leur mariage jusqu'à ce qu'elle meure 47 ans plus tard. Elle n'a pas connu la paix dans son mariage, puisqu'elle regrettait profondément sa décision.

La raison principale qui poussa ma mère à se remarier était de me donner un modèle masculin. La seconde raison qu'elle m'a donnée était son besoin de soutien financier. Plus tard, elle m'avoua qu'elle aurait dû faire confiance à Dieu dans ces deux domaines.

Les mauvaises décisions peuvent résulter d'un manque de foi en Dieu.

Certains disent : « J'ai agi trop précipitamment, j'aurais dû continuer à croire Dieu. »

D'autres : « Je n'ai pas cru que Dieu me montrerait comment réagir. » et d'autres encore : « Je n'étais pas certain que Dieu pourvoirait réellement à mon besoin. »

Les regrets de plusieurs viennent de leur manque de courage, de force, de fermeté, de détermination... et surtout de leur manque de confiance en la provision de Dieu.

Si vous avez fait confiance à Dieu du mieux que vous le pouviez, ne vous sentez pas coupable. Mettez de côté la culpabilité que vous ressentez; elle est fausse.

Si vous avez fait confiance à Dieu du mieux que vous le pouviez, ne vous sentez pas coupable. Mettez de côté la culpabilité que vous ressentez; elle est fausse.

Si vous n'avez pas mis votre foi en Dieu et que vous avez pris les choses en main, si vous avez pris des décisions précipitées ou si vous avez désobéi aux commandements de Dieu, demandez-lui pardon.

Question 3 : Ai-je péché?

Le psaume 34, verset 14, nous donne une double recommandation : « Éloigne-toi du mal, et fais le bien; recherche et poursuis la paix. »

Mises à part les méprises, les erreurs et les mauvaises décisions ponctuelles, de nombreuses personnes éprouvent du regret à cause des péchés qu'elles ont commis en violant les commandements de Dieu en toute connaissance de cause. Elles ne sont donc pas en paix.

Il n'y a qu'une solution pour se débarrasser du regret que nous cause le péché : confesser celui-ci à Dieu, lui demander pardon et recevoir son pardon sur la base de sa Parole.

Beaucoup de gens ont un problème, car ils refusent de relier leur regret à la culpabilité ou au péché. Ils choisissent plutôt de justifier leur péché ou de croire qu'il n'existe tout simplement pas.

Il y a peu de temps, je conseillai un jeune homme.

– Votre vie est protégée, me dit-il.

– Vous avez raison, elle l'est.

– Vous êtes étroit d'esprit.

– C'est exact, je le suis.

– Vous ne connaissez pas les gens qui fréquentent votre église. Vous ne savez pas ce qu'ils font.

– Je ne les connais peut-être pas tous personnellement et je ne suis pas au courant de tous les détails de leur vie, mais je sais qu'ils recherchent Dieu. Sinon, ils ne présenteraient pas dimanche après dimanche. Je ne m'excuse pas d'être étroit d'esprit. En effet, je ne pense pas de la même façon que le monde. J'ai passé des décennies, voire des années, de ma vie à m'exercer à réfléchir selon la Parole de Dieu. Je veux que mes pensées et mes actions soient parfaitement alignées avec la Bible, et cela ne correspond pas avec le courant de pensée du monde. Je me comporte selon des normes et je m'impose des restrictions. J'ai des principes directeurs qui guident mes choix; la Parole de Dieu est le plan qui guide mes décisions. Le monde n'agit pas de cette manière. Eh oui, je suis protégé par le Dieu Tout-Puissant ! Je goûte la plénitude de sa protection, de ses provisions et de son assistance. Au plus profond de moi, je sens continuellement qu'il m'aime et qu'il s'occupe de tous les détails de ma vie. Je suis conscient que Dieu prend soin de moi. Vivre à l'abri sous l'aile de Dieu est la meilleure vie que je puisse imaginer ! Si être large d'esprit et mener une vie « ouverte » correspond à la vie de confusion, d'oppression et de profond mécontentement que tu viens de me décrire, je n'en ai absolument pas envie.

Nous ne pouvons pas être libres du regret et de la culpabilité tout en vivant dans le péché. Nous ne pouvons en être libérés tant que nous ne reconnaissons pas que nous avons péché.

La bonne nouvelle, c'est que notre Père céleste nous accorde son pardon si nous le lui demandons d'un cœur sincère.

L'un des plus beaux exemples de pardon se trouve dans une histoire que Jésus a racontée. Laissez-moi vous la rappeler :

« Un homme avait deux fils. Le plus jeune dit à son père : Mon père, donne-moi la part de bien qui doit me revenir. Et le père leur partagea son bien. Peu de jours après, le plus jeune fils, ayant tout ramassé, partit pour un pays éloigné, où il dissipa son bien en vivant dans la débauche. Lorsqu'il eut tout dépensé, une grande famine survint dans ce pays, et il commença à se trouver dans le besoin. Il alla se mettre au service d'un des habitants du pays, qui l'envoya dans ses champs garder les pourceaux. Il aurait bien voulu se rassasier des carouges que mangeaient les pourceaux, mais personne ne lui en donnait. Étant rentré en lui-même, il se dit : Combien de mercenaires chez mon père ont du pain en abondance, et moi, ici, je meurs de faim ! Je me lèverai, j'irai vers mon père, et je lui dirai : Mon père, j'ai péché contre le ciel et contre toi, je ne suis plus digne d'être appelé ton fils; traite-moi comme l'un de tes mercenaires. Et il se leva, et alla vers son père. Comme il était encore loin, son père le vit et fut ému de compassion, il courut se jeter à son cou et le baisa. Le fils lui dit : Mon père, j'ai péché contre le ciel et contre toi, je ne suis plus digne d'être appelé ton fils. Mais le père dit à ses serviteurs : Apportez vite la plus belle robe, et l'en revêtez; mettez-lui un anneau au doigt et des souliers aux pieds. Amenez le veau gras et tuez-le. Mangeons et réjouissons-nous, car mon fils que voici était mort, et il est revenu à la vie; il était perdu, et il est retrouvé. Et ils commencèrent à se réjouir » (Luc 15. 11-24).

Le fils rebelle en vint à un point où il rentra en lui-même et fit face à la réalité, celle de sa vie et de la provision de son père. Il retourna vers ce dernier et remit sa destinée entre ses mains.

Lorsque le père vit son fils à l'horizon, a-t-il dit : « Voici mon fils indigne et errant, il semble avoir tout perdu, comment pourrais-je le punir ? »

Non. Le père courut vers son fils, l'étreignit avec compassion et l'embrassa. Le fils confessa ses fautes et immédiatement le père lui redonna généreusement tout ce qui, à l'époque, démontrait qu'il était son fils. En effet, il le revêtit de la plus belle robe de la famille, ce qui l'honorait du statut de digne membre de la maison, puis le père lui remit un sceau qui l'investissait du droit de diriger les affaires familiales et enfin, il reçut des sandales qui lui donnaient la liberté d'aller et de venir comme il l'entendait, non pas comme un esclave, mais comme un fils.

L'enfant prodigue ne pouvait pas se proclamer fils, il ne pouvait pas se justifier ni s'arroger du titre d'héritier du père. Tout ce qu'il pouvait faire, c'était retourner vers son père, confesser ses fautes, lui céder sa vie et mettre fin à sa rébellion. Nous sommes nous-mêmes dans la même position. Quelle est la joie du Père lorsque nous confessons nos péchés et que nous nous consacrons à lui! Il court vers nous, déverse sur nous sa compassion et sa miséricorde, puis nous étreint de son amour.

Je crois que la raison principale pour laquelle Jésus a raconté cette histoire est de nous révéler combien le Père nous aime. Il nous l'a dite afin que nous mesurions la joie et le bonheur immenses du Père lorsque nous lui remettons notre vie et qu'il nous offre en retour toutes les bénédictions qu'il a préparées pour nous.

Si nous nous repentons, le Père nous pardonne; si nous lui consacrons totalement notre vie, il nous donne la plénitude de sa vie.

La Parole de Dieu est très claire : « Si nous confessons nos péchés, il est fidèle et juste pour nous les pardonner, et pour nous purifier de toute iniquité » (1 Jean 1. 9).

Si vous avez péché et que vous avez besoin du pardon, je vous encourage à faire vôtre la prière de David.

> O Dieu! aie pitié de moi dans ta bonté;
> Selon ta grande miséricorde, efface mes transgressions;
> Lave-moi complètement de mon iniquité,
> Et purifie-moi de mon péché [...]
> Purifie-moi avec l'hysope, et je serai pur;
> Lave-moi, et je serai plus blanc que la neige.
> Annonce-moi l'allégresse et la joie, [...]
> Ô Dieu! crée en moi un cœur pur,
> Renouvelle en moi un esprit bien disposé [...]
> Rends-moi la joie de ton salut,

Et qu'un esprit de bonne volonté me soutienne!
(Psaume 51. 3, 4, 9, 10, 12, 14)

Question 4 : Ai-je pardonné à toutes les personnes impliquées dans la situation au sujet de laquelle j'éprouve du regret, y compris à moi-même?

Pour bien des gens, se pardonner à soi-même est l'aspect du pardon le plus difficile.

Si Dieu vous a gracié, vous devez vous pardonner aussi et aller de l'avant. Cessez de vous détruire à cause d'une faute que Dieu a déjà effacée.

S'il vous a fait grâce, vous devez, à votre tour, pardonner à toutes les personnes que vous croyez associées à ce péché. Ne vous tourmentez plus à leur sujet, laissez-les poursuivre leur route dans la foi que Dieu s'occupera d'elles à sa façon et en son temps.

Si vous revivez sans cesse votre péché et que vous le ressassez, vous ne serez pas en paix. Vous introduirez la négativité dans votre façon de penser et vos nouvelles relations, dans votre entreprise ainsi que dans toute autre situation nouvelle.

J'ai rencontré de nombreuses personnes qui se sont remariées presque tout de suite après leur divorce. Elles ont reçu le pardon de Dieu, elles se sont pardonné à elles-mêmes et ont entrepris une nouvelle relation. Malgré cela, elles ne pouvaient bannir de leur pensée le souvenir de leur ex-conjoint et les mauvaises

> *Si Dieu vous a gracié, vous devez vous pardonner aussi et aller de l'avant. Cessez de vous détruire à cause d'une faute que Dieu a déjà effacée.*

expériences qu'elles avaient vécues. Elles n'étaient pas en paix, puisqu'elles ne s'étaient pas réellement pardonné à elles-mêmes ni à leur ex-conjoint. Par conséquent, leur nouvelle relation était pénible, car ces personnes devaient composer avec leur culpabilité, leur honte et leur souffrance du passé.

Le même principe s'applique aux personnes qui ont connu une faillite d'entreprise qui incluait de la fraude, du vol et des détournements de fonds. Dans certains cas, ces personnes ne songent pas à demander pardon à Dieu pour ce type de péché. Dans d'autres cas, elles ressassent leur faute à un point tel qu'elles n'ont plus d'énergie à consacrer à leur nouvel emploi, à leur nouvelle carrière ou à leur nouvelle entreprise.

Si Dieu vous a pardonné, faites de même envers les autres et vous-même, puis soyez attentif aux occasions qu'il a préparées pour vous.

Vous devrez peut-être subir les conséquences de votre péché, mais Dieu ne vous demande pas de vivre avec la culpabilité, la honte ou le regret. Acceptez que vos erreurs d'hier vous ont conduit dans la situation où vous vous trouvez aujourd'hui et reconnaissez promptement une vérité supérieure : vos décisions futures n'ont rien à voir avec ces fautes passées, qui sont, d'ailleurs, pardonnées.

Rappelez-vous toujours...

- que Dieu pardonne complètement les fautes qu'il pardonne;
- qu'il amène à maturité les gens qu'il guérit;
- que Dieu ne pose aucune limite au potentiel des personnes qu'il restaure, pour annoncer l'Évangile et témoigner de son amour, de sa miséricorde et de sa grâce.

Question 5 : Me suis-je détourné de l'appel de Dieu pour moi?

Récemment, j'ai entendu parlé d'une femme qui croyait fermement que Dieu l'avait appelée à du travail missionnaire dans le Sud-Est asiatique à l'âge de 23 ans. Elle étudiait et se préparait à devenir missionnaire lorsqu'elle rencontra un entrepreneur en bâtiment qui n'avait pas le même appel qu'elle. Il croyait plutôt que le Seigneur l'appelait à être un homme d'affaires qui, grâce à ses gains, soutiendrait financièrement les missionnaires.

La femme en question l'épousa en sachant très bien qu'elle se détournait ainsi de l'appel de Dieu. Elle me confia : « Je voulais me marier et avoir des enfants. Il était l'homme le plus brillant que je n'avais jamais rencontré, celui qui manifestait le plus Christ. C'était le meilleur! Je n'ai pas laissé passer la chance d'avoir un foyer heureux. »

Elle regretta sa décision pendant les 25 années qui suivirent, car elle croyait avoir désobéi à Dieu. Elle s'intéressait peu à l'église et aux projets missionnaires, car elle se sentait coupable et ne voulait pas affronter ses sentiments. Un jour, alors qu'elle avait 48 ans, elle confia à son mari : « Je n'ai pas fait ce que Dieu m'a appelée à faire; je n'ai pas accompli sa volonté. » Il lui répondit qu'il voyait sa tristesse depuis des années, mais qu'il en ignorait la cause. Il lui offrit donc de la soutenir si elle voulait participer à de courts voyages missionnaires, même s'ils duraient jusqu'à six mois ou un an.

Elle jubilait. Elle tenta de se joindre à une organisation missionnaire, puis une seconde... Comme aucun organisme ne voulait l'envoyer, elle décida de s'acheter un billet d'avion et de se rendre dans un pays de l'Asie du Sud-Est pour y trouver un missionnaire qui voudrait bien de son aide. Elle rentra chez elle quatre mois plus tard déprimée, désillusionnée, en piètre condition physique et extrêmement épuisée tant émotionnellement que spirituellement.

Finalement, un sage pasteur lui dit carrément : « Ce navire a quitté le port. » Il poursuivit en lui disant que Dieu l'avait peut-être appelée à le servir en Asie du Sud-Est trente ans plus tôt, mais qu'elle devait se demander à quoi il l'appelait maintenant.

Ne vivez pas en regrettant « ce qui aurait pu exister » si vous aviez obéi à la volonté spécifique de Dieu pour vous dans le passé. Nous ne pouvons par retourner en arrière ou retrouver cette occasion.

Avouez à Dieu que vous n'avez pas tenu compte de sa volonté, confessez-lui les désirs égoïstes et l'orgueil qui sont à la source de votre désobéissance, demandez-lui pardon et priez-le de vous diriger désormais. Ensuite, lorsque Dieu vous révélera ce qu'il attend de vous aujourd'hui, obéissez-lui.

Je connais des pasteurs qui ont abandonné leur fonction dans l'Église et qui ont regretté leur décision. Ils ont presque tous quitté leur assemblée pour des raisons personnelles et non par obéissance à Dieu. Alors que certains ne se sentaient pas appréciés, d'autres ont cru que le changement améliorerait leur situation financière ou leur réputation au sein d'une nouvelle dénomination. Ces motifs ne sont pas de bonnes raisons de changer d'église. La plupart de ces pasteurs ont été aussi déçus, sinon plus, par leur nouvelle église que par l'ancienne.

La peur de m'écarter de la volonté de Dieu m'a gardé de bien des regrets dans ma vie. Cette crainte n'est pas malsaine ni préjudiciable sur le plan émotionnel. Au contraire, elle est saine, car elle nous pousse à chercher la volonté de Dieu, à l'accomplir et à ne jamais nous en détourner.

« Mais quelle est la volonté de Dieu? » demandez-vous.

Dieu veut que vous :

- gardiez ses commandements;
- suiviez ses directives pour savoir où aller, quoi faire et quoi dire;
- preniez soin des personnes et des choses qu'il vous a confiées;
- utilisiez les talents et les capacités naturelles dont il vous a dotés;
- exerciez les dons spirituels qu'il vous a transmis lors de votre conversion.

Il est beaucoup plus facile de se tromper en quittant un endroit qu'en y restant. Trop souvent, les gens se désistent de la situation dans laquelle ils se trouvent par ambition personnelle, avidité ou encore par convoitise du pouvoir, de la gloire ou de la reconnaissance.

Je ne parle pas ici de situations de violence physique ou émotionnelle. Dans certaines circonstances, il est sage de partir afin d'assurer sa sécurité, sa santé émotionnelle ou son bien-être spirituel. Abandonner un péché, sortir de l'antre de l'iniquité, est toujours une bonne chose à faire. Il ne s'agit pas de cela ici, mais plutôt d'abandonner un ministère auquel nous avons été appelés, de quitter un emploi, de laisser tomber notre relation avec un membre de la famille ou une responsabilité familiale. Quand nous quittons, sans une directive claire de la part de Dieu, quelque chose qu'il a autorisé et auquel il a pourvu, nous courons un grand risque de nous éloigner de sa volonté.

Au moment où j'ai senti que le Seigneur m'appelait à Atlanta, je ne voulais pas y aller; je n'avais pas le moindre désir de vivre là-bas ni d'y être pasteur. En effet, j'étais très heureux à l'église où j'exerçais mon ministère en Floride. J'aimais les gens, la communauté, le climat et les possibilités qui s'offraient à nous. Je suis parti parce que Dieu me montrait clairement que je devais aller à Atlanta.

Parfois je me demande ce qui se serait produit si je ne l'avais pas fait. Je peux difficilement imaginer ce que ma vie aurait été, mais je suis certain que je n'aurais pas eu la paix en Floride ni à aucun endroit où je serais allé pour satisfaire mes désirs personnels. Beaucoup de gens vivent dans l'état de « si j'avais... ». *Si j'avais fait ceci..., si j'avais dit cela..., si j'avais pris cette décision...* Les personnes qui vivent dans le regret restent coincées dans le passé.

Vivre dans le passé nous empêche d'accomplir la volonté de Dieu pour nous maintenant. Si vous y vivez, je vous recommande chaudement de demander à Dieu de vous pardonner toutes vos désobéissances et tous vos péchés passés. Ensuite, pardonnez-vous vous-même et continuez votre chemin. Prenez la décision de ne pas demeurer dans le passé. Concentrez-vous plutôt sur le présent, puis fixez-vous des objectifs et établissez-vous des plans selon la volonté de Dieu pour votre avenir. Demandez à Dieu quelle est votre prochaine étape.

Garder une conscience pure

Le meilleur moyen de vivre sans regrets est de garder une conscience pure. J'ai transformé les cinq questions dont j'ai traité dans le présent chapitre en affirmations :

- Choisissez d'accomplir toutes vos tâches et d'entretenir toutes vos relations du mieux que vous le pouvez. Allez-y de tous vos efforts pour vivre pieusement.
- Choisissez de faire confiance à Dieu dans tous les domaines de votre vie – dans chaque décision, chaque choix et chaque occasion qu'il place sur votre route.
- Choisissez d'obéir à Dieu et de garder ses commandements.
- Choisissez de pleinement et librement pardonner aux autres.
- Choisissez de suivre le chemin où le Seigneur vous dirige.

Personne ne peut réaliser ces choses par ses propres forces humaines limitées. Toutefois, grâce au Saint-Esprit qui habite en nous, nous pouvons résister aux tentations de toutes sortes et accomplir les bonnes œuvres que Dieu nous permet d'exécuter.

Dans Actes 24. 16, l'apôtre Paul dit : « C'est pourquoi je m'efforce d'avoir constamment une conscience sans reproche devant Dieu et devant les hommes. » L'expression *sans reproche* peut aussi être traduite par *irréprochable* ou *nette*.

Le Saint-Esprit travaille en nous afin de (d')

- éveiller notre conscience si nous sommes sur le point de pécher ou de prendre une décision hors de la volonté parfaite de Dieu pour nous;
- nous rendre capables de résister à la tentation;
- nous convaincre de péché pour que nous retournions à Dieu et que nous lui demandions pardon;
- nous aider à prier et à mener notre vie comme nous devrions le faire, dont prier pour les autres et leur pardonner;
- nous montrer les bons choix à faire et les occasions à saisir.

Le Saint-Esprit agit dans notre esprit et notre âme pour nous prévenir des dangereuses tentations de l'ennemi, nous rappeler les commandements de Dieu, et nous rendre mal à l'aise face à nos péchés, à notre culpabilité et à notre honte au point où nous désirerons être purifiés et pardonnés.

La conscience de nombreuses personnes est tourmentée, car elles sont conscientes qu'elles ne vivent pas comme Dieu le veut. Leur conscience est en ébullition, en effervescence constante. Ces personnes portent un lourd fardeau de culpabilité qui les tient éveillées la nuit et gâche leurs journées.

La colère est l'attitude dominante chez beaucoup de personnes qui se sentent coupables, particulièrement chez celles qui ressentent une profonde rage, même après avoir accepté Jésus comme leur Sauveur. Les croyants qui sont constamment en colère ne sont pas en paix avec eux-mêmes. Dans de nombreux cas, une conscience coupable est la cause de leur colère. En effet, ils savent qu'ils ne vivent pas comme Dieu le voudrait et sont irrités du fait qu'il exige leur obéissance. Ils se déçoivent eux-mêmes, puisqu'ils ne font pas ce qu'ils devraient faire et ils sont contrariés par le comportement de ceux qui leur rappellent leur manquement dans leur marche avec le Seigneur.

« Tout va bien dans ma vie. Ma conscience ne m'accuse pas. » C'est ce que certaines personnes m'affirmèrent tout en me parlant de leurs activités nettement contraires aux commandements de Dieu. Invariablement, certaines d'entre elles me dirent quelques mois plus tard que les choses n'étaient pas roses, que leur culpabilité intérieure pesait des milliers de kilos, qu'elles souffraient d'insomnie et qu'elles étaient misérables.

Si vous désobéissez aux commandements de Dieu et aux

directives qu'il vous a données et que votre conscience ne vous ennuie pas, je vous encourage à vérifier à quel point votre cœur est endurci et à vous demander pourquoi votre conscience ne vous dérange pas. Je vous assure que l'insensibilité de votre conscience est directement proportionnelle à votre rébellion et au nombre de fois où vous avez refusé d'accomplir ce que le Saint-Esprit vous incitait à effectuer.

> *L'insensibilité de votre conscience est directement proportionnelle à votre rébellion et au nombre de fois où vous avez refusé d'accomplir ce que le Saint-Esprit vous incitait à effectuer.*

Si vous voulez sincèrement obéir aux commandements de Dieu et marcher selon ses principes afin de mener une vie pieuse, votre conscience s'attendrira et un simple chatouillement de l'Esprit suffira à vous détourner de votre péché. Vous vous agenouillerez promptement pour demander pardon au Seigneur. Toutefois, si vous avez cultivé la rébellion dans votre cœur et que vous marchez selon vos propres règles, votre conscience s'endurcira. Vous aurez donc besoin d'une puissante et profonde conviction du Saint-Esprit pour que vous abandonniez vos luxurieux désirs et que vous confessiez à Dieu vos péchés en pensées, en paroles et en actions.

La sensibilité de votre conscience est le baromètre de votre désir d'obéir à Dieu.

Le Saint-Esprit n'abandonne pas

Un non-croyant peut pratiquement cautériser sa conscience. Il peut s'endurcir et se garder si loin des choses de Dieu qu'il peut littéralement ne pas se sentir coupable, même si son comportement est tout à fait contraire aux lois de Dieu.

Par contre, si vous êtes croyant en Jésus-Christ, vous ne pouvez empêcher le Saint-Esprit de se manifester à votre conscience; il ne vous laissera pas l'étouffer complètement. Vous pouvez assourdir les paroles convaincantes qu'il adresse à votre cœur et rester indifférent à ses coups de coude, mais vous ne pouvez pas l'empêcher de vous parler. Dieu refuse que la conscience de son peuple demeure dans la culpabilité. Il continuera à vous interpeller jusqu'à ce que vous vous repentiez de votre péché.

Beaucoup de gens tentent de museler leur conscience en multipliant les péchés. Ils essaient de la noyer dans l'alcool, de l'insensibiliser par les drogues ou de la submerger de plaisirs illicites. Cependant, le péché ne peut taire la conscience.

Se confesser signifie se mettre d'accord avec Dieu en disant : « Cela ne fait pas partie de ma vie, Seigneur. Je reconnais que j'ai péché contre toi, je t'ai désobéi. Pardonne-moi. » La repentance s'exprime ainsi : « Je me détourne de ce péché, car il me vole ma paix, assombrit mon raisonnement et endurcit mon cœur. Aide-moi à le délaisser une fois pour toutes et à ne jamais y retourner. »

Nous devons avoir la foi et faire confiance au Seigneur pour nous repentir et adopter de nouvelles habitudes, de nouveaux comportements et de nouvelles attitudes. Cette décision vous appartient entièrement. En effet, vous devez choisir d'obéir à Dieu, de vous repentir et de lui demander chaque jour de vous assister dans votre marche dans l'obéissance et la repentance.

Si vous faites cela, vous n'éprouverez pas de regret, et la paix dominera votre vie.

Cherchez activement à connaître le plan de Dieu pour votre vie

J'ai mentionné plusieurs fois dans le présent chapitre que vous deviez aller de l'avant après avoir reçu le pardon de Dieu. Cela signifie que vous acceptez le plan de Dieu pour vous et que vous faites de votre mieux pour le réaliser. Vous avez donc un but bien précis qui vous évite de faire naufrage, d'errer et de gaspiller votre énergie. Ce but est directement lié à la satisfaction que vous ressentez en pensant à la façon dont vous menez votre vie.

Dieu a un plan pour votre vie. Romains 8. 28 est un des versets les plus connus de la Bible : « Nous savons, du reste, que toutes choses concourent au bien de ceux qui aiment Dieu, de ceux qui sont appelés selon son dessein. » Nous nous attardons souvent à la première partie du verset et nous sommes grandement encouragés de savoir que notre Père céleste fait concourir toutes choses, même celles qui semblent négatives ou difficiles, à notre bien. Comme croyants en Jésus-Christ, nous savons que Dieu agira en notre faveur, parce que nous « l'aimons ».

Observez la seconde partie du verset : « … de ceux qui sont appelés selon son dessein. » Celle-ci nous indique clairement que Dieu a un appel pour chacun d'entre nous. Cependant, pour faire partie de *ceux qui sont appelés,* nous devons marcher dans cet appel, obéir à Dieu et céder quotidiennement au Saint-Esprit la direction de notre vie. Si nous obéissons réellement aux commandements de Dieu et si nous répondons à son appel pour notre vie au meilleur de nos capacités, il s'engage à faire concourir toutes choses à notre bien – les récompenses éternelles et les bénédictions terrestres. Cependant, si nous agissons selon nos propres initiatives, nos caprices et nos désirs, si nous ne cherchons pas le but de Dieu pour nos vies, si nous lui obéissons seulement quand cela nous convient, si nous ne nous soumettons aux directives du Saint-Esprit que dans les situations difficiles, sur quelle base espérons-nous que Dieu agira pour notre avantage éternel?

Je suis absolument certain que Dieu vous révélera son but pour votre vie si vous le lui demandez sincèrement, qu'il vous donnera le courage et la capacité de l'accomplir si vous lui faites confiance et qu'il fera concourir toutes choses à votre bien si vous vivez selon son dessein.

En agissant ainsi, vous connaîtrez la paix bien davantage.

8

DISONS ADIEU À L'ANXIÉTÉ

Lorsque la circulation sur l'autoroute arrête brutalement et que vous avez déjà été en retard au travail deux fois depuis le début du mois...

Lorsque vous apprenez que le marché boursier a perdu cinq cents points...

Lorsque vous trouvez de la drogue dans la chambre de votre fils...

Lorsque vous croyez que votre fille est enceinte alors qu'elle n'est pas mariée...

Lorsque le médecin vous informe, avec un air grave, que vous devez subir des tests supplémentaires...

Il est normal et naturel que vous deveniez anxieux. L'anxiété est l'impression d'avoir été frappé par quelque chose d'inattendu. Elle prend naissance non dans nos pensées mais dans nos émotions, et elle constitue la réponse à une chose que nous percevons comme négative ou plus spécifiquement comme une attaque contre nous.

Êtes-vous distrait ou incertain?

Nous sommes tous un jour ou l'autre en proie à l'anxiété. Dans l'extrait cité plus loin du *Sermon sur la montagne*, le terme grec pour *anxieux*, qui signifie « distrait », fait référence à l'incertitude. En effet, c'est ce que l'anxiété produit en nous, de l'incertitude. Nous ignorons ce qui nous attend. Le sol semble se dérober sous nos pieds et nous n'avons aucune idée de la chute, ni si elle se produira, à quelle puissance, dans quelle direction et sur quoi nous atterrirons.

Dans la Bible, le mot *anxieux* est aussi traduit par « inquiet ». Pour bien des personnes, l'inquiétude est devenue leur mode de vie; elles vivent dans un état d'incertitude et de préoccupation constant. Si c'est votre cas, je vous conseille de relire les paroles de Jésus; son commandement est clair.

« C'est pourquoi je vous dis : Ne vous inquiétez pas pour votre vie de ce que vous mangerez, ni pour votre corps, de quoi vous serez vêtus. La vie n'est-elle pas plus que la nourriture, et le corps plus que le vêtement? Regardez les oiseaux du ciel : ils ne sèment ni ne moissonnent, et ils n'amassent rien dans des greniers; et votre Père céleste les nourrit. Ne valez-vous pas beaucoup plus qu'eux » (Matthieu 3. 25, 26)?

Jésus ne nous fait pas une suggestion, il s'agit d'un ordre. Comme on me l'a souvent dit, vous vous dites peut-être que vous ne pouvez pas vous départir de votre anxiété, car vous avez toujours été une personne préoccupée. C'est faux, vous pouvez cesser de vous inquiéter.

L'anxiété ne provient pas des circonstances elles-mêmes, mais plutôt de notre réaction face à celles-ci. La capacité de faire des choix fait partie du libre arbitre que Dieu a donné à tous les êtres humains. Vous pouvez choisir vos sentiments, vos pensées et votre manière de réagir.

Une de mes amies m'a fait part d'une expérience qu'elle vécut il y a dix ans. Son père, qui était veuf et âgé, était venu habiter chez elle. Leur relation était presque toujours positive et enrichissante. Pourtant, elle s'est rappelé d'un jour où il avait été particulièrement grincheux. Rien ne lui convenait. Il avait critiqué différentes choses, si bien que son pessimisme et son attitude négative avaient irrité sa fille.

Comme elle allait sortir pour faire des courses, elle vit son père et se dit : « C'est mon père et je l'aime. Il est âgé et ne sera plus avec moi pour bien longtemps; même s'il vit encore dix ou quinze ans, ce n'est pas très long. » Elle songea combien il lui manquerait lorsqu'il ne serait plus là et elle prit la décision de l'aimer, de savourer sa présence tous les jours de sa vie et de vivre en paix avec lui.

Elle commença immédiatement à traiter son père avec gentillesse et compréhension, et à peine quelques heures plus tard, son père s'excusa pour sa mauvaise humeur et admit qu'il n'allait pas bien depuis quelques jours. À partir de ce moment, leur relation fut merveilleuse.

Eh oui, nous pouvons choisir comment nous nous sentirons face à une situation et comment nous y réagirons. Aucune circonstance ne provoque automatiquement l'anxiété. Et ce sentiment ne fait certainement pas partie du plan de Dieu pour vous. Notre Père permet que nous traversions certaines situations afin que notre foi grandisse, que nous croissions et gagnions de la maturité, ou encore pour que nous délaissions une mauvaise habitude ou une attitude négative, et non pour que nous soyons

Il permet que nous traversions certaines situations afin que notre foi grandisse, que nous croissions et gagnions de la maturité, ou encore pour que nous délaissions une mauvaise habitude ou une attitude négative, et non pour que nous soyons anxieux. Il ne nous a pas destinés à l'anxiété.

anxieux. Il ne nous a pas destinés à l'anxiété. Au contraire, il nous amène sans cesse à la croisée des chemins où nous lui ferons davantage confiance, où nous lui obéirons pleinement et recevrons toujours plus de bénédictions.

Le souci est différent de l'anxiété

Nous ne devons pas confondre le souci et l'anxiété. En effet, il est normal que les chrétiens aient de lourds fardeaux qui les poussent à intercéder pour les autres et à poser des gestes en vue de combler leurs besoins. Oui à la sollicitude, au souci des autres et des choses, non à l'anxiété!

Le souci vient de la préoccupation ou de la sollicitude. Nous nous soucions de notre famille, de notre santé, du travail bien fait, car notre propre bien-être et celui de notre famille ainsi que la réussite de notre travail nous préoccupent et nous tiennent à cœur. Le souci implique vouloir bien faire les choses afin que Dieu soit glorifié par notre vie.

Un autre souci prend naissance dans l'obéissance. En effet, les Écritures ne nous permettent jamais l'irresponsabilité. Nous devons chaque jour respecter les commandements de Dieu, mener une vie honnête et moralement droite – régler nos comptes, dire la vérité, y aller de tous nos efforts pour mériter notre salaire, et autres. Être responsable entraîne nécessairement un certain souci de bien faire les choses par obéissance au Seigneur.

Ainsi, les fardeaux dont la source est l'obéissance ou la préoccupation sont bien différents de l'anxiété.

Si votre fille entre à la maison souffrant d'une blessure à la cheville, vous avez non seulement le droit mais la responsabilité de vous demander s'il s'agit d'une entorse ou d'une fracture. Votre souci vous poussera à chercher une expertise médicale. Pensez à une personne à qui son employeur dit un matin : « Nous n'avons plus besoin de vos services. » Remerciée, elle se retrouve à la rue le jour même.

« Eh bien, ce n'est pas le moment d'être anxieux! » dites-vous.

Effectivement. Selon la Parole de Dieu, l'anxiété n'a pas sa place dans notre vie, seulement le souci. En effet, il est normal de se soucier de pourvoir aux besoins de notre famille ainsi qu'aux nôtres, de se demander où et comment chercher un autre travail et quelles étapes suivre dans une situation quelconque. Par contre, s'effondrer, être rongé par la peur, se sentir paralysé ou laisser notre esprit être submergé par la pensée d'échec ou celle de devenir un sans-abri, toutes ces craintes n'ont aucune raison d'être. Elles font de la place à l'anxiété!

Le souci nous rend productifs, nous pousse à regarder vers l'avenir et nous incite à agir. Au contraire, nous sommes improductifs, négatifs, limités au présent et paralysés lorsque nous sommes anxieux.

Notre préoccupation ou notre sollicitude peut être jalonnée de larmes, d'expressions de peine, de sympathie ou d'empathie, ou encore de réflexion profonde ou de méditation tranquille. Enfin, elle nous stimule à prendre des décisions, à choisir de faire confiance à Dieu, à chercher la raison pour laquelle il permet telle ou telle situation et à faire ce qu'il nous demande de faire.

De son côté, l'anxiété est marquée par de combats déchirants, des pleurs incontrôlables, des rides profondes au front, des épaules courbées, de l'insomnie, de la crispation nerveuse et un rythme de vie effréné. L'anxiété est un tapis roulant qui maintient la personne dans la peur et la négativité et qui l'empêche de connaître la paix.

Les effets de l'anxiété

Voici sept effets très négatifs de l'anxiété :

1. L'anxiété divise l'esprit

Ce que j'appelle un « esprit divisé » crée un stress chez de nombreuses personnes. Elles exécutent une tâche, participent à une réunion ou parlent avec quelqu'un, mais leur esprit et leur cœur sont accaparés par un autre problème.

Un jour, un homme atteint du cancer me dit : « Chaque jour, *j'ai le cancer* est la première pensée qui m'habite en me levant, la dernière en me couchant et une fois sur trois ou quatre durant la journée. » Je suis certain que les personnes qui doivent résoudre un problème important, quel qu'il soit, y réfléchissent la majeure partie du temps.

Un esprit divisé empêche les personnes de se concentrer entièrement sur les tâches qu'elles doivent accomplir. Les inquiétudes harcelantes et les sentiments troublants les distraient et les plongent dans une semi-confusion constante.

Il n'y a pas très longtemps, une dame me parla de la maladie mentale de son mari. Je lui demandai :

- En quoi la maladie de Bill vous affecte-t-elle?
- Je ne savais jamais quel Bill m'attendrait à la maison. Serait-ce le Bill doux et aimant ou le Bill renfrogné, irrité et silencieux?
- Cette situation a-t-elle influencé votre travail?
- J'ai presque perdu mon emploi parce que je n'arrivais pas à me concentrer sur mon travail. Au milieu d'une réunion ou assise à mon poste de travail, mes pensées avaient

tendance à graviter autour de la situation de mon mari. Je songeais à son refus de consulter des professionnels et de prendre les médicaments qu'on lui avait prescrits, et à l'impact de sa maladie sur notre relation. Je ne pouvais l'aider, mais je réfléchissais continuellement à l'avenir de notre mariage. De plus, je me demandais si notre bébé pouvait avoir hérité biologiquement de sa maladie. J'étais préoccupée par ce que j'allais faire, ce que je pourrais faire, ce que je devrais faire et surtout par le sentiment que je n'étais probablement pas en mesure de faire quoi que ce soit pour améliorer la situation.

Comme je ne pouvais me concentrer entièrement, je n'étais pas à mon meilleur, je commettais des erreurs d'inattention et j'ai raté une promotion. Puis, je me suis réveillée. Il fallait que les choses changent. Si Bill ne voulait pas d'aide, je pouvais tout de même en chercher pour moi-même, car je devais retrouver la paix.

2. L'anxiété réduit la productivité

Si une personne a l'esprit divisé, elle est forcément moins productive qu'à l'habitude. Elle est incapable d'offrir des efforts soutenus et de mener un projet à terme. En plus d'être moins productive, elle est généralement moins efficace. Par conséquent, la qualité de son travail est réduite.

3. L'anxiété est à l'origine de mauvaises décisions

De façon générale, une personne qui n'arrive pas à se concentrer sur sa tâche est incapable de faire ses « devoirs », de percevoir toutes les facettes d'un problème et d'écouter attentivement tous les conseils sages qu'on pourrait lui donner. Ainsi, elle prend souvent de mauvaises décisions et ne résout pas les problèmes adéquatement. Les mauvais choix conduisent souvent à l'échec qui, à son tour, amplifie l'anxiété. Les personnes très anxieuses sont souvent paralysées émotionnellement et ne peuvent prendre aucune décision; elles sont inaptes à aller de l'avant et vivent dans un nuage de confusion et d'appréhension.

4. L'anxiété draine l'énergie

L'anxiété prolongée épuise. Elle endommage le système immunitaire et altère certains systèmes chimiques de l'organisme qui consomment des vitamines et des minéraux nécessaires pour maintenir un bon niveau énergétique.

5. L'anxiété cause des maladies physiques

Au fil des années, les recherches scientifiques et médicales ont démontré que l'anxiété cause de nombreux effets néfastes sur le corps humain, dont les maux de tête, les maux d'estomac, les troubles intestinaux, la constriction des vaisseaux sanguins qui cause l'hypertension artérielle et qui, par conséquent, accroît les risques de crise cardiaque et d'accident vasculaire cérébral, de même que les troubles biochimiques qui créent des déséquilibres hormonaux, facteurs possibles de multiples affections.

En réalité, certaines des écoles de médecine les plus réputées en Amérique affirment sans équivoque que la foi et la prière réduisent l'anxiété, la peur et le stress des patients, et accélèrent la guérison.

6. L'anxiété éloigne l'entourage

Lorsqu'une personne a de la difficulté à se concentrer et qu'elle est distraite, les gens qui l'entourent ont du mal à communiquer avec elle. Par ailleurs, elle est agitée et frustrée, elle blâme et critique facilement les autres, et elle est prompte à la colère. La mauvaise communication est très nuisible pour les amitiés, les mariages et les relations parents-enfants. Elle peut très bien éloigner les personnes et leur faire croire qu'elles sont rejetées ou non désirées.

7. L'anxiété détruit la joie

> *La paix et la joie ne peuvent cohabiter avec l'anxiété.*

En général, une personne anxieuse n'est pas joyeuse. En effet, une personne toujours inquiète et sans cesse écrasée par les problèmes de la vie perd de son espérance et de sa capacité d'apprécier les moments agréables. Elle semble toujours à la recherche d'un problème caché dans les profondeurs de sa pensée ou au fond de son âme. La paix et la joie ne peuvent cohabiter avec l'anxiété.

Si nous considérons tous les effets négatifs de l'anxiété, nous pouvons conclure qu'elle ne fait pas partie du plan de Dieu pour nous. Sa Parole dit clairement : « […] Ne t'irrite pas, ce serait mal faire » (Psaumes 37. 8).

Que dire de la panique?

L'expression « crise de panique » est parfois utilisée pour décrire l'état d'une personne dont l'anxiété a rendu les émotions incontrôlables. Dans de tels moments, notre rythme cardiaque accélère, nous pouvons suer à profusion, devenir somnolents ou étourdis, ou nous sentir comme si nous allions nous effondrer.

J'ai déjà vécu une telle crise. C'était horrible. Je peux comprendre désormais que des gens puissent consommer des drogues quand ils sont au milieu d'une crise pareille. L'anxiété et l'agitation mêlées à l'épuisement vont s'intensifiant. Je me sentais comme si je perdais la maîtrise de mes pensées, comme si j'arrivais au bout du rouleau. Dans mon désespoir, je criai à Dieu comme un petit garçon qui appelle ses parents lorsqu'il fait un mauvais rêve. Sa présence m'entoura et me soutint au cours de cette période difficile.

Si vous ne connaissez pas le Seigneur, comment calmerez-vous votre âme et votre esprit? Si vous ne le connaissez pas et que vous confrontez une tragédie ou que le stress vous envahit, comment vous soulagerez-vous? En des moments semblables, les drogues et l'alcool offrent une fuite facile, mais combien éphémère.

La bonne nouvelle, c'est que les personnes qui connaissent vraiment le Seigneur n'ont pas besoin d'emprunter le chemin qui conduit à la dépendance. En effet, elles peuvent crier à Dieu : « Soutiens-moi! Aide-moi! Ne m'abandonne pas! » Plus elles le font, avec un cœur sincère, plus il les inonde de sa présence qui chasse l'anxiété, plus il ralentit le monde qui semble tourner trop vite et plus il leur donne une paix authentique.

Notre Père céleste nous tient dans son amour, entend nos cris et nous entoure de ses bras éternels. Il nous serre près de lui et nous réconforte. Plus nous sommes près de lui, plus notre esprit est tranquille.

Que faire immédiatement lorsque l'anxiété frappe?

Que devons-nous faire lorsque l'anxiété frappe? Nous devons tout d'abord demander à Dieu de nous donner sa paix et ses solutions. Je connais un homme qui habite la banlieue d'Atlanta. Il y a quelques années, il ressentit une étrange sensation à la jambe. Comme son malaise ne cessait pas, il consulta un médecin. Après lui avoir fait subir une série de tests, ce dernier lui annonça qu'il était atteint d'une forme de cancer rare et virulent.

La nouvelle le dévasta. L'athlète qui croyait être en parfaite santé vit son avenir s'effriter devant lui. L'anxiété ayant saisit son esprit, il se mit à imaginer les pires scénarios possibles. Heureusement, ses amis l'entourèrent, le soutinrent et fortifièrent sa foi. Ils l'exhortèrent à considérer que Dieu lui offrait sa présence et sa paix.

Il est maintenant guéri et il aide d'autres victimes du cancer à mener leur propre lutte. Il jouit de la paix et désire que d'autres en jouissent autant. Il découvrit le secret de la paix alors que l'inquiétude et l'anxiété avaient surgi sur son chemin. Comment devrions-nous procéder?

Très précisément, nous devons demander à Dieu de gérer les problèmes qui chargent notre conscient et notre subconscient. Il est peu probable que nous n'ayons à le faire qu'une fois; au contraire nous devrons sûrement nous tourner vers Dieu de nombreuses fois au cours d'une journée.

Nous devons demander au Seigneur de nous aider à concentrer toutes nos pensées et toute notre énergie sur la situation problématique actuelle en lui disant : « Tu règnes sur cette situation. J'ai confiance que tu t'occupes de telle(s) personne(s) gênante(s) et de telle circonstance pénible. Aide-moi à prêter toute mon attention à la tâche que tu as mise devant moi. Calme mon cœur, fixe mon attention, remplis mon esprit de tes idées et de tes solutions créatives, et donne-moi la force de persévérer jusqu'à ce que cette situation aboutisse. »

Lorsque l'anxiété recule...

Lorsque la force première de la crise d'anxiété bat en retraite, nous devons répondre à une question pour notre propre vie : *Dieu est-il mon Père céleste en tout temps et cherche-t-il toujours mon bien éternel?*

Avoir une pensée juste à propos de Dieu est la clé qui permet de vaincre l'anxiété.

Avoir une pensée juste à propos de Dieu est la clé qui permet de vaincre l'anxiété. Dieu est souverain; il a créé toute chose et il maîtrise tous les aspects de sa création. Il est omnipotent, omniscient et omniprésent.

Dieu connaît notre situation sous toutes ses coutures. Il sait comment faire jaillir la plénitude du brisement, changer la faiblesse en force, guérir les malades, et transformer les disputes et la haine en réconciliation et en amour.

En outre, il nous aime d'un amour inconditionnel, insondable et infini. Il connaît tout de nous et il nous aime malgré tout. Notre Père céleste règne sur tout, connaît tout, est présent partout; nous pouvons lui faire confiance. Et la confiance chasse l'anxiété.

Le choix vous appartient

Vous pouvez vous laisser emporter par la spirale de l'anxiété ou dire au Seigneur : « Père céleste, je te remets cette situation qui me dépasse. Je m'y sens impuissant, mais tu peux la transformer. Tu m'aimes d'un amour parfait. Je m'en remets à toi pour gérer la situation de façon appropriée. Je sais que tout ce que tu as prévu pour moi est bon. J'ai hâte de voir comment tu manifesteras ton amour, ta sagesse et ta puissance. »

Mon ami, la paix n'est pas sur le chemin de l'anxiété et de l'inquiétude.

9

CREUSER JUSQU'AUX RACINES DE L'ANXIÉTÉ PROLONGÉE

« Est-ce que tu seras prêt ? »

Pendant des années, j'ai répondu « oui » à cette question qu'on pose souvent aux prédicateurs. Je disais : « Oui, bien sûr, je serai prêt pour prononcer un bon sermon dimanche. » Toutefois, au fond de moi, j'avais des doutes.

La hantise de ne pas être prêt à prêcher le dimanche m'a rendu anxieux pratiquement toute ma vie adulte. Je priais, j'étudiais diligemment, je faisais confiance à Dieu. Puis, je priais encore et j'étudiais davantage. Ensuite… je priais encore plus longtemps et étudiais encore plus fort. Le prochain prêche m'angoissait jusqu'au moment de me lever pour le faire. Tout de suite après, je commençais à m'inquiéter au sujet du dimanche suivant. Je n'ai eu la victoire sur un cycle d'anxiété et de soulagement de toute une vie qu'au cours des dernières années.

Dans la plupart des cas, nous déterminons **nous-mêmes** combien de temps nous resterons anxieux. Ainsi, **quiconque** est sujet à des crises d'anxiété persistantes et se sent **continuellement** affolé et inquiet devrait subir un examen médical complet. Pourtant, nous négligeons trop souvent de régler les problèmes qui nous perturbent, et nous permettons à l'inquiétude et à l'anxiété de s'établir dans notre âme. Et c'est ainsi que **nous perdons notre paix**.

Si nous permettons à des pensées négatives et ennuyeuses de s'enraciner dans notre cœur, selon mon expérience, nous invitons l'anxiété comme état d'esprit général à s'installer en nous et à générer des attitudes négatives qui peuvent perdurer pendant des années.

De temps en temps, les gens me disent à propos d'eux-mêmes : « Je suis une personne angoissée. » Au sujet des personnes qu'ils connaissent bien, ils me diront : « Il est toujours un peu coincé. » ou encore : « Elle a tendance à s'agiter beaucoup. » Certaines personnes font référence à cet état d'anxiété permanent sous les termes « être tendu » ou « toujours blessé ». Si l'anxiété est devenue la norme de votre vie, vous devez en examiner les causes. De façon générale, elles sont liées à un besoin profond qui se trouve habituellement dans l'une des catégories suivantes.

Les besoins à l'origine de l'anxiété prolongée

1. Une certaine dévalorisation de soi

Lorsque quelqu'un manque de confiance en lui, il a perdu de vue la valeur que Dieu, notre Père céleste, lui accorde. Laissez-moi vous rappeler encore une fois ce que le Seigneur a dit :

« Regardez les oiseaux du ciel : ils ne sèment ni ne moissonnent, et ils n'amassent rien dans des greniers; et votre Père céleste les nourrit. Ne valez-vous pas beaucoup plus qu'eux » (Matthieu 6. 26)?

Je crois que Jésus disait à ses auditeurs qu'une personne ayant une faible estime d'elle-même ne réalise pas que ses besoins ont autant de valeur que ceux des moineaux qui n'échappent pas au regard vigilant de Dieu.

Bon nombre d'entre nous ne croyons pas que Dieu est capable de combler nos besoins chaque jour, chaque heure, minute après minute... et qu'il le désire. Nous ne nous sentons pas dignes des soins qu'il prodigue à un petit oiseau dans un champ.

Certaines personnes m'ont déjà dit que Dieu ne se souciait guère de leur panne de voiture. Mais ce n'est pas le cas. Et d'autres prétendent qu'il ne prête pas attention à la fuite du tuyau de leur salle de bain, mais il s'en soucie. D'autres encore affirment que Dieu n'accorde aucune importance à la promotion qu'ils pourraient obtenir. C'est faux.

Dieu prête attention à tous les détails de notre vie et il veut y pourvoir pleinement.

Nous nous sentons indignes de son amour pour plusieurs raisons. Avons-nous oublié son plan? Jésus s'est sacrifié lui-même pour vous et pour moi. Il n'aurait pu mieux nous révéler qu'il nous considère dignes de son amour, de ses soins et de ses bénédictions.

2. Le désir de tout diriger

Le désir de tout diriger pour notre profit, même les choses qui nous échappent, constitue le deuxième besoin intérieur qui nous rend anxieux. Je crois que cette soif de pouvoir provient d'un manque de confiance en Dieu, le seul qui puisse contrôler tous les aspects de notre vie.

De nos jours, les gens font bien des choses pour prendre leur vie en main – ils prennent des suppléments vitaminiques, font des exercices physiques quotidiens, mangent cinq portions de fruits et de légumes par jour, et s'assurent de se reposer suffisamment. Ces choses sont bénéfiques; j'adopte moi-même de saines habitudes alimentaires et je fais régulièrement de l'exercice physique. Je ne le fais pas pour prolonger ma vie, mais pour mieux en apprécier chaque moment. Une vie lourde d'anxiété produit l'inverse de l'énergie, de la vitalité, de la productivité et de la vie abondante. On a établi un lien entre l'anxiété et de nombreux malaises et affections – des crises cardiaques et des accidents cérébrovasculaires à l'hypertension artérielle; des troubles du tube digestif à la dépression nerveuse; de la recrudescence des accidents à la maison et au travail à la diminution de la concentration sur une tâche donnée. Avez-vous déjà entendu parler de personnes qui « s'inquiètent à vie »? Non, les gens « s'inquiètent à mort ». En réalité, l'anxiété brise les relations, prive les événements de leur plaisir et ralentit grandement l'élan vers de nouveaux défis et de nouvelles occasions.

Les gens s'inquiètent de nombreuses choses sur lesquelles ils n'ont aucune influence. Notre anxiété n'aura pas la moindre influence sur le temps qu'il fera demain... elle ne poussera pas quelqu'un à nous aimer... et elle ne nous permettra pas de revivre une seule seconde passée.

> *Notre anxiété n'aura pas la moindre influence sur le temps qu'il fera demain... elle ne poussera pas quelqu'un à nous aimer... et elle ne nous permettra pas de revivre une seule seconde passée.*

Laissons Dieu accomplir ce que lui seul peut accomplir. Faisons-lui confiance, car il nous aime infiniment et il est miséricordieux envers nous.

3. Le souci de ce que les autres pensent

L'industrie américaine du vêtement, qui a une valeur de plusieurs milliards de dollars, s'appuie sur la prémisse suivante : l'apparence est importante. Nous voulons être bien habillés parce que nous sommes sensibles au regard des autres. Notre apparence et notre performance nous rendent réellement anxieux. Autrement dit, l'inquiétude de bon nombre d'entre nous au sujet de notre allure est une autre cause de profonde anxiété.

Nous travaillons plus fort durant de plus longues heures, et nous surchargeons notre horaire en vue d'impressionner les autres par notre productivité et notre performance ou du moins pour satisfaire notre propre besoin de succès.

De temps à autre, un cadre supérieur bien connu ou une star nous surprend en quittant la mêlée et en optant pour une vie plus calme et plus tranquille. Pendant que j'écris le présent livre, quelques politiciens respectés de mon pays, dont la réélection est pratiquement garantie, choisissent de laisser la politique. Ils agissent à l'encontre de la culture américaine qui prône le succès à tout prix et ils poussent ainsi certaines personnes à réévaluer leurs propres priorités. Cette réévaluation est une bonne chose, car elle nous permet de considérer les enseignements de notre Maître.

Jésus nous dit que ce qui compte vraiment, c'est l'opinion de notre Père céleste. S'il nous approuve, nous n'avons pas besoin d'aucune autre approbation. Il nous donne notre identité et une beauté intérieure qui surpasse de loin tout ce que nous pouvons porter, posséder, conduire ou habiter.

En ce qui concerne notre performance, notre Père céleste ne s'attend-il pas à ce que nous fassions de notre mieux? Nous avons la responsabilité de nous préparer soigneusement et de travailler fort.

Pendant de nombreuses années, j'ai eu peur de décevoir Dieu en manquant d'atteindre ses standards élevés, mais maintenant je sais que je ne peux le décevoir.

Nous pouvons désobéir à Dieu, délibérément ou non, mais nous ne pouvons pas le décevoir. Nous pouvons pécher contre Dieu ou nous rebeller contre lui et en récolter les conséquences comme châtiment, mais nous ne pouvons décevoir Dieu.

> *Nous pouvons désobéir à Dieu, délibérément ou non, mais nous ne pouvons pas le décevoir.*

Pensez-y un instant. Un dieu qui peut être déçu aime conditionnellement, c'est-à-dire qu'il nous aime seulement lorsque nous avons de bons résultats. Mais l'amour de Dieu est inconditionnel : il nous aime en tout temps d'un amour infini, irrésistible, miséricordieux, gracieux et passionné. L'étreinte d'amour de Dieu ne dépend pas de notre performance. De temps à autre, nous pouvons nous sentir incompétents ou incapables d'accomplir notre tâche avec succès. Cependant, ce sentiment ne devrait pas s'installer de façon permanente. Dieu peut nous aider et il le fera.

Il murmure peut-être à notre cœur : « Je peux t'aider à faire mieux. Je t'ai créé pour faire mieux. Je désire que tu fasses mieux. » Même lorsqu'il chuchote ces messages, il nous serre près de lui et nous chérit au-delà de toute mesure. Dieu ne retire jamais sa présence ni son amour à ses enfants.

Ma peur de l'échec provenait de mon incompréhension de l'amour inconditionnel de Dieu. L'ignorance de ma dignité aux yeux de Dieu et de la valeur qu'il accorde à ma personne en était la cause. Cette peur venait aussi de mon inconscience du fait que je ne pouvais le décevoir, qu'il ne me rejetterait jamais et qu'il ne me retirerait jamais sa présence.

En êtes-vous rendu à un point dans votre vie où vous êtes convaincu que Dieu vous aime et que rien de ce que vous pouvez faire ou dire ne peut vous exclure du royaume de l'amour inconditionnel et infini de Dieu? Si vous avez la certitude de cet amour, vous savez que, quoique vous puissiez décevoir les autres et vous décevoir vous-même, vous ne pourrez jamais décevoir Dieu. Il ne vous abandonnera jamais, ne vous délaissera jamais ni ne se détournera jamais de vous.

Notre part est de faire confiance à Dieu et de le reconnaître en toutes choses, la sienne est de nous diriger et de nous guider dans la voie qu'il veut que nous suivions.

4. Le désir d'adopter le modèle que propose le monde

Le monde nous assure que nous nous sentirons en sécurité et libres de toute anxiété si nous avons assez d'argent dans nos comptes bancaires, dans notre portefeuille d'investissements et dans notre compte de retraite. C'est absolument faux. L'argent, les actions, les obligations ainsi que les autres formes d'investissement ne procurent qu'une sécurité temporaire.

Le monde affirme que nous nous sentirons bien lorsque notre hypothèque sera totalement payée, mais ce n'est pas vrai puisque aucune maison n'est entièrement protégée contre un désastre naturel, un incendie ou un acte de vandalisme.

Le monde dit aussi que nous nous sentirons en sécurité si nous adoptons un régime de vie sain. Là encore, c'est faux. Même les gens en excellente forme physique et en bonne santé subissent des accidents, contractent des maladies infectieuses et sont sujets à des maladies mortelles.

Le monde atteste que nous ne serons plus anxieux pour notre carrière si nous obtenons un poste important dans une entreprise ou si nous atteignons une certaine notoriété, ce qui n'est pas vrai non plus. Tous les acteurs nous diront que leur célébrité varie selon le succès de leur dernier film ou de leur dernière pièce. N'importe quel cadre exécutif nous affirmerait que dans le monde des affaires aujourd'hui, les P.D.G., les cadres et les employés de la haute direction ont plus de risque de perdre leur emploi que les employés des paliers inférieurs.

En réalité, le monde ne peut garantir une sécurité absolue dans aucun domaine. Jésus seul peut donner une profonde assurance intérieure.

Récemment, quelqu'un me dit :

– Bon, revenons à la réalité... j'appréhende mon retour au bureau.

– Vous n'appréciez pas votre travail?

– Non, pas du tout. J'aime notre produit, j'aime mon salaire, j'aime mes collègues... mais je n'éprouve aucun plaisir à effectuer mes tâches et à supporter la pression et les responsabilités qui m'incombent jour après jour.

– Pourquoi ne cherchez-vous pas un emploi auquel vous prendriez plaisir?

Il me regarda comme si l'idée ne lui avait jamais traversé l'esprit.

– L'enjeu est trop grand, répondit-il la voix lasse. À mon âge, je ne pourrais pas bénéficier d'un salaire convenable ailleurs.

– Avez-vous déjà songé à ce que vous aimeriez faire si vous n'occupiez pas votre emploi actuel?

Ses yeux brillèrent.

– Bien sûr, dit-il.

Ses épaules se courbèrent, et la lumière de ses yeux s'éteignit lorsqu'il poursuivit :
- Ce n'est qu'une rêverie. Peut-être que je le ferai dans dix ans, à ma retraite.

En le regardant partir, je plaignis cet homme, car je pensai que se lever chaque matin pour accomplir des tâches seulement pour l'argent devait être une corvée. Un tel emploi n'est pas une bénédiction, mais un fardeau et, plus le fardeau est chargé de responsabilités, plus la tension, la frustration et l'anxiété sont grandes. Par ailleurs, il fournit de nombreuses occasions de sombrer dans le regret.

S'il ne poursuit pas le rêve que Dieu a placé dans son cœur, cet homme regrettera sa vie et souhaitera avoir emprunté un autre chemin. Ce sentiment sera fort, surtout si des problèmes de santé surviennent et l'empêchent de réaliser son rêve à sa retraite.

Si vous êtes coincé dans un travail excessivement fastidieux, ennuyeux, accablant, où vous devez constamment vous battre, changez de travail! Je ne parle pas d'une journée fastidieuse, d'une semaine ennuyeuse ou des semaines fatigantes juste avant la réalisation d'un projet. Dans tous les emplois, certaines périodes sont plus exigeantes que d'autres. Je parle d'un emploi qui vous procure peu de joie et une très faible euphorie, d'un travail qui vous épuise sans vous donner de satisfaction en retour ni d'épanouissement personnel. Un travail dépourvu de récompense morale, offrant seulement un chèque de paie ne vaut pas la peine que vous y investissiez votre temps et votre énergie.

Demandez à Dieu ce qu'il voudrait que vous fassiez, puis recueillez des renseignements à ce sujet et recevez la formation appropriée. Commencez à acquérir les habiletés nécessaires à la profession de vos rêves et cherchez un emploi dans ce domaine.

Si vous croyez que vous occupez l'emploi que Dieu vous a donné et que vos émotions, votre énergie et votre créativité sont continuellement épuisées, demandez à Dieu de vous aider à adopter une nouvelle attitude par rapport à votre travail. Demandez-lui de vous montrer le but divin pour lequel il vous a placé à cet endroit. Considérez votre travail comme une occasion que Dieu vous offre.

5. Vivre dans le futur

Le désir que de bonnes choses du futur arrivent maintenant est une des plus grandes causes d'anxiété. Si beaucoup d'enfants aspirent à être adultes, à être « enfin » adolescents ou à quitter le foyer familial, certaines personnes craignent le futur. De façon générale, les gens qui ne comprennent pas que Dieu est digne de confiance et qui ont une perception négative de la vie voudraient arriver à demain pour laisser derrière eux les problèmes d'aujourd'hui. Ils s'inquiètent de ce que l'avenir, proche ou lointain, leur réserve, et leur anxiété au sujet du lendemain les empêche de profiter pleinement du moment présent.

Nous pouvons dire :

- Si je ne fréquente pas le collège de mon choix...
- Si je n'obtiens pas l'emploi désiré...
- Si je suis remercié...
- Si la personne que j'aime ne m'aime pas...
- Si mes invités ne se présentent pas, s'ils n'apprécient pas la fête...
- Si quelque chose m'empêche de partir en vacances à temps...

Mes amis, le Dieu qui règne sur le moment présent règne aussi parfaitement sur l'avenir. Il a déjà préparé tout ce qui vous arrivera, pourvu à tous vos besoins futurs, prévu les problèmes que vous aurez demain et mis en œuvre ce dont vous aurez besoin pour les résoudre.

Nous ne pouvons prévoir l'avenir et nous ne pouvons être parfaitement prêts à toute éventualité. Nous ne sommes pas totalement en mesure de pourvoir à nos besoins futurs, mais Dieu le peut et il l'a déjà fait. Il n'est jamais pris au dépourvu et n'est jamais surpris; il ne manque jamais de rien. Nous n'avons donc pas à nous inquiéter pour le lendemain. Le cœur paisible est celui qui reconnaît : « Les étapes de ma vie sont entre ses mains. »

Le Dieu qui règne sur le moment présent règne aussi parfaitement sur l'avenir.

Dieu désire que nous voyions nos préoccupations et nos problèmes présents comme les mirages futurs, en adoptant sa perspective. Nous ne devons pas les nier ni les fuir, mais les voir comme des défis à relever et des tribulations à surmonter.

Dieu ne désire pas que nous soyons toujours angoissés. Par contre, il veut que nous affrontions les situations anxiogènes, que nous confrontions l'anxiété que nous avons laissée envahir nos cœurs et que nous combattions notre agitation intérieure. Il veut aussi que nous résistions à l'inquiétude et à la peur et que nous refusions de perdre notre paix malgré les embûches que le Malin place sur notre route.

Je ne crois pas qu'on puisse être immunisé contre l'anxiété, mais je suis certain qu'il en faudrait beaucoup maintenant pour me rendre anxieux. Lorsque je fais un retour sur ma vie, je me rends compte que certaines choses qui m'ont un jour affligé ne me contrarient plus autant maintenant et que celles qui me causaient de l'anxiété ne le font plus. Aussi, je sais que plus une personne s'en remet à Dieu pour qu'il comble ses besoins les plus profonds, plus sa foi croît et plus grandit sa capacité de faire confiance au Seigneur dans toutes les situations.

Voici ce que je vous recommande :

- Ne laissez pas l'anxiété devenir un « état permanent » chez vous.
- Croyez Dieu lorsqu'il dit que vous méritez ses soins continuels.
- Cédez à Dieu la direction de tous les domaines de votre vie.
- Refusez d'être soumis à l'opinion des autres sur vous.
- Refusez de vivre selon les systèmes du monde.
- Fixez vos priorités d'après celles de Dieu.
- Choisissez de vivre dans le présent et non dans le futur.

Ainsi, votre paix intérieure s'épanouira.

10

ÊTRE EN PAIX AVEC LES AUTRES

L'apôtre Paul a communiqué des directives très claires et pratiques à ses amis de Rome : il leur a recommandé de vivre en paix avec tous les hommes autant que cela leur était possible. Quel défi, parfois!

Se retrouver un jour dans l'entourage de voisins ou de connaissances difficiles à vivre semble pratiquement inévitable. D'ailleurs, certains d'entre eux auront peut-être la même opinion de nous. Tout de même, l'apôtre Paul nous exhorte à vivre en paix avec tout homme et toute femme, autant que faire ce peut, ce qui laisse sous-entendre qu'il ne sera pas toujours possible d'être en paix avec tous. Paul encourage à le faire *si* c'est possible, *autant que cela dépend de vous*. Certaines personnes ne vivront jamais en paix avec vous quoique vous fassiez ou ne fassiez pas.

Dieu connaît notre nature; il sait que nous serons parfois en désaccord avec d'autres personnes, même avec d'autres disciples de Jésus, nos frères et sœurs dans la foi. Toutefois, il nous met au défi de ne pas être *nous-mêmes* des agents de discorde.

L'histoire de Brian, jeune homme costaud âgé dans la vingtaine qui vivait dans l'Illinois, illustre bien l'importance de cette recommandation. La vie de ce jeune homme prit un tournant radical lorsque Dieu s'adressa à lui et qu'il lui répondit par la foi et s'engagea. Après plusieurs années de vie chrétienne caractérisée par la fermeté et la fidélité, Brian dut faire face à un événement fatidique. Offensé par un membre de son église locale, il décida de ne plus y mettre les pieds... et il cessa de marcher avec Dieu.

Pendant les quarante années qui suivirent, Brian resta amer et irrité. Un jour qu'il émondait un arbre de son jardin, à un pâté de maisons de son ancienne église, Brian, alors âgé dans la soixantaine, entendit distinctement la voix de Dieu : « Brian, tu as été indifférent à ma voix pendant toutes ces années. Je t'appelle pour la dernière fois à pardonner à ceux qui t'ont offensé et à te repentir de ton amertume et de ta colère. » À cet instant, il comprit que c'était sa dernière chance de se réconcilier avec Dieu et son église. Il s'y rendit aussitôt, se repentit et demanda publiquement pardon. Pour le reste de sa vie, Brian fut le pilier de son église, toujours présent, toujours au service des autres et compatissant. Il évoquait souvent les quarante années de joie qu'il avait malheureusement perdues à cause d'une prise de position stupide.

Se débarrasser d'une attitude égoïste

L'orgueil et l'égocentrisme, à la racine du problème de Brian, brisèrent sa relation avec les autres et minèrent son bien-être intérieur. L'orgueil plie difficilement, car il est au cœur de la personne. Chez l'être humain, la générosité, l'altruisme et la magnanimité ne sont pas naturels.

Le partage est un des premiers principes que les parents tentent d'inculquer à leurs enfants. Dès leur naissance, les bébés savent ce qu'ils veulent, et s'ils ne l'obtiennent pas immédiatement, ils pleurent, crient ou geignent. Il est rare qu'un enfant veuille prêter son jouet favori ou donner son biscuit aux pépites de chocolat à un autre. Parfois, les tout-petits serrent si fort les objets qu'ils refusent de donner qu'une véritable lutte s'engage entre eux et leurs parents.

Même adultes, nous gardons cette tendance naturelle à penser à nous-mêmes en premier, et elle ne disparaît pas automatiquement lorsque nous devenons chrétiens. Dieu n'effectue pas l'ablation de notre orgueil et de notre égoïsme par une quelconque intervention chirurgicale spirituelle. En effet, nous devons renoncer à notre orgueil centré sur nous-mêmes, l'abandonner ou le remettre au Seigneur. Apprendre à servir les autres, à donner sa vie pour les autres, est un principe que les Écritures enseignent clairement, mais elles n'affirment pas que c'est une leçon facile à apprendre. Il n'est pas chose facile que de renoncer à nos droits dans l'intérêt d'un autre.

Lorsque Brian laissa la rancœur et la colère dévaster son cœur, il devint prisonnier des événements qui s'ensuivirent : des relations brisées, des liens rompus avec son église et surtout l'adoption d'une attitude provocatrice et arrogante envers Dieu qui lui avait offert sa paix et son salut. En d'autres mots, Brian n'avait pas l'esprit tranquille; il avait perdu la paix de Dieu et la sienne.

L'histoire de Brian illustre à quel point il est facile de laisser des problèmes de toutes sortes perturber ou supprimer notre paix.

Des problèmes en apparence insignifiants à l'origine de conflits destructeurs

L'orgueil est profond, mais de nombreuses autres raisons, plus superficielles, peuvent aussi perturber la paix et causer des conflits. La seule différence est que l'orgueil en occasionnera *inévitablement*. Quant à eux, les problèmes superficiels, insignifiants, ne provoquent des conflits que lorsque nous négligeons de les régler. Nous pouvons les résoudre ou réduire leur portée de manière à ce qu'ils ne causent pas de division.

Voici quatre de ces problèmes :

1. Les conflits de personnalité

Le problème de Brian ne découlait pas d'un conflit de personnalité; il s'est senti malicieusement et faussement accusé par un membre de son église. Mais quel que soit le type de conflit à l'origine de relations brisées ou blessées, le résultat est toujours désastreux!

Évidemment, nous sommes tous différents les uns des autres. Nous n'avons pas tous le même style, nous n'apprécions pas les mêmes choses, et nous pensons et agissons chacun à notre manière. Chaque personnalité est unique. Cependant, un conflit de personnalité ne devrait jamais éclater en querelle ou dégénérer en guerre, et il ne devrait jamais justifier la mise de côté totale de l'autre, la critique ou la vengeance. Admettons plutôt que nous sommes des personnes différentes, soyons gentils et courtois, et poursuivons notre route. Recherchons des personnes dont la compagnie nous plaît. Toutefois, ne fermons pas la porte à quelqu'un et ne refusons pas de l'aider sous prétexte que nous n'aimons pas sa personnalité.

Un jour, quelqu'un m'a dit : « Je ne crois pas que Dieu s'attende à ce que je sois en bons termes avec des gens dont je n'aime pas la personnalité. »

Oui, il le veut.

Être en bons termes avec quelqu'un n'a rien à voir avec la personnalité; du moins, il ne devrait pas en être ainsi. Aucun texte des Écritures ne nous dégage de notre devoir de manifester de la bonté, d'exercer la miséricorde, de pardonner, d'être polis et d'avoir de bonnes manières! La personnalité ne nous en dispense pas plus que l'âge, la race, le genre, la culture, la nationalité ou quelque autre facteur.

Combien de conjoints ont exactement la même personnalité? En fait, la grande majorité des gens se marient avec quelqu'un qui est *différent* d'eux. Le vieil adage *Les contraires s'attirent* se révèle souvent vrai, bien que cela ne signifie pas pour autant que les « opposés » s'entendent toujours bien. En effet, les caractéristiques qui nous attirent, ces traits qui sont différents des nôtres et que nous trouvons intéressants et fascinants, sont souvent ceux avec lesquels nous avons de la difficulté à vivre.

> *Le vieil adage* **Les contraires s'attirent** *se révèle souvent vrai, bien que cela ne signifie pas pour autant que les « opposés » s'entendent toujours bien.*

Par ailleurs, les différences peuvent être bénéfiques et enrichissantes, car elles nous poussent à sortir de notre zone de confort, et donc à nous étirer et à croître. Elles peuvent nous lancer le défi de nous améliorer, de faire plus que ce que nous avons déjà accompli et de poursuivre des buts plus élevés que ceux que nous nous étions fixés. Les différences peuvent pimenter les relations.

2. Les différences d'opinions

Ce qui est vrai pour les conflits de personnalité l'est aussi pour les différences d'opinions. En effet, les conversations les plus intéressantes sont parfois celles où les interlocuteurs ont des opinions ou des points de vue divergents. Ces personnes peuvent avoir reçu une éducation ou avoir vécu des expériences très différentes. Ce type de discussion est souvent très instructif, agréable et stimulant.

Le danger de détruire une relation nous guette lorsque nous laissons la haine, la colère, le ressentiment ou l'amertume s'insinuer dans nos différences. Nous sommes responsables de les empêcher d'envahir notre cœur.

Nos sentiments envers une personne ne sont pas directement liés à son comportement, mais à ce que nous nous permettons d'éprouver.

Nous ne sommes pas obligés d'être d'accord avec l'autre sur tous les points et à propos de tout pour entretenir avec lui une relation fructueuse, significative et agréable. Si c'était le cas, je crois qu'aucune amitié ni aucun mariage ne tiendraient le coup. En réalité. Nous sommes toutes des personnes différentes les unes des autres. Nous avons donc des perceptions, des visions du monde et des idéaux différents. Toutefois, ces différences ne devraient pas causer de division parmi nous. Nous devrions être en mesure de vivre en paix les uns avec les autres. Il existe une qualité qui permettra à des personnes n'ayant pas les mêmes valeurs d'entretenir une relation satisfaisante : la loyauté mutuelle. En effet, la loyauté garde notre engagement dans une amitié ou une association de longue durée, malgré certains désaccords.

Malheureusement, le christianisme compte de nombreuses dénominations et églises, et divers partis. Ces divisions ont souvent découlé d'un désaccord entre des acteurs importants de la chrétienté au sujet d'une interprétation des Écritures ou d'une doctrine. Certaines de ces dissensions étaient tout à fait inutiles, puisque tous les chrétiens ne sont pas tenus d'avoir *exactement* la même opinion sur tous les textes bibliques. En effet, il est pratiquement impossible d'être unanimes sur certains sujets, car nous ne sommes pas en mesure de prouver certaines idées ou certains points de vue.

En voici un exemple. Lorsque je fréquentais l'école biblique, quelques amis et moi nous disputions régulièrement au sujet de la fin des temps. Certains disaient que le Seigneur revenait bientôt et citaient les Écritures pour prouver que le retour du Seigneur était imminent; tandis que d'autres rétorquaient : « Il ne peut revenir si tôt, car ces prophéties doivent s'accomplir d'abord. » Ils appuyaient, eux aussi, leur opinion de textes bibliques. D'autres encore affirmaient : « C'est impossible de le savoir! Jésus lui-même a dit qu'il ne connaissait ni le jour ni l'heure de son retour et que seul le Père le savait! »

Ces discussions tardives dans les dortoirs ou à la cafétéria, autour d'un hamburger au fromage et d'un lait frappé, étaient animées, parfois assez vives, énergiques et malgré tout amusantes. Au fond, aucun d'entre nous ne pouvait *garantir* qu'il avait raison; à chacun ses convictions. Nul ne pouvait prouver ses affirmations, car la preuve sera faite seulement *après* que le peuple de Dieu sera enlevé pour être auprès de lui à jamais.

Mes copains et moi étions-nous encore amis après avoir passé la soirée à argumenter au sujet de la chronologie des événements de la fin des temps? Bien sûr. Nos débats n'avaient rien à voir avec l'essence même de notre profonde amitié.

De tels désaccords théologiques devraient-ils diviser le Corps de Christ? Pas du tout. Il a trop à faire à enseigner aux autres le plan de Dieu pour leur vie. Nous devons mettre de côté les différences doctrinales qui nous empêchent de travailler ensemble à notre mission. Notre message commun est que Jésus offre le salut à tous ceux qui croient en lui.

En outre, avec le temps, nous découvrons parfois que les gens avec qui nous discutions avaient raison. Même si nous avons du mal à l'admettre, il arrive que nous ayons parfaitement tort. Eh oui, nous faisons tous des erreurs à l'occasion! À certains moments, nous pouvons penser connaître tous les faits et avoir assez de sagesse pour prendre une bonne décision ou faire un choix avisé, et nous découvrons par la suite que certains aspects nous échappaient. Si c'est le cas, ne restons pas dans l'erreur par orgueil, avouons nos torts et choisissons d'apprendre, de nous adapter et de croître.

3. Les différences de style et de méthodologie

Au cours de notre vie, nous rencontrons des gens de même foi que nous apprécions, mais qui diffèrent de nous dans leurs méthodes et leurs prises de décisions, ou qui aiment des styles que nous n'apprécions pas.

Il y a un certain nombre d'années, je me rendis compte qu'un de mes collaborateurs aux Ministères En Contact avait un style d'organisation tout à fait différent du mien, entre autres, dans sa façon de ranger son bureau, ou plutôt dans sa façon de ne pas le ranger, devrais-je dire. J'étais incapable d'y détecter une quelconque forme d'organisation.

Lorsque j'étudie pour préparer un sermon ou que je travaille sur un projet de recherche, de nombreux ouvrages et papiers sont éparpillés autour de moi, mais à la fin de la journée, ils regagnent tous leur place. Je ne travaille pas bien dans le fouillis. Mon collaborateur semblait, au contraire, être productif dans la pagaille; des piles de feuilles et de livres jonchaient sa table de travail, et des piles de dossiers désordonnées traînaient çà et là dans son bureau.

Malgré cela, il abattait une quantité impressionnante de travail et semblait connaître exactement le contenu de chacune des piles. Il avait une façon étrange de trouver précisément le renseignement que je lui demandais, aux deux tiers d'un tas de feuilles et de dossiers. J'en étais venu à la conclusion que nos méthodes étaient totalement différentes, mais que cette différence ne nous empêchait nullement de travailler ensemble.

Je savais aussi que je n'avais aucune chance de convaincre mon collègue du bénéfice d'avoir un bureau mieux rangé, pas plus que lui, de me persuader que sa façon de travailler était meilleure que la mienne. Sur ce point, nous avions convenu que nous ne voyions pas les choses de la même manière. Heureusement, lorsque nous recevions des visiteurs, il fermait gentiment sa porte sans que nous ayons à le lui demander.

De temps à autre, des personnes qui travaillent ensemble n'adoptent pas la même façon de procéder. Le responsable du projet devrait alors lui-même choisir la méthode convenable pour mener à bien le projet. Si celle-ci ne vous convient pas, vous pouvez aider le responsable en lui suggérant une autre démarche. Si, toutefois, votre supérieur décide de choisir la méthode qu'il croit la meilleure, vous devriez vous y conformer, sinon, vous risquez de devoir chercher un nouvel emploi. Les désaccords au sujet de la méthode de travail ne justifient pas la frustration, la haine, la colère ou la division. Je vous en prie, ne laissez pas des différences de styles dérober votre paix.

4. La mauvaise communication

À l'occasion, la mauvaise communication est à la source de notre douleur. Parfois, les gens n'expriment pas leurs points de vue ou leurs directives clairement; d'autres fois, ils ne saisissent pas bien ce qu'ils entendent. Nous entendons si souvent ce que nous voulons entendre. À certains moments, nous n'entendons qu'une partie de ce qui est dit et il s'agit souvent de celle que nous aimons ou que nous voulons croire.

Je ne peux dire combien de fois j'ai prêché seulement pour que les gens viennent me dire qu'ils avaient vraiment aimé un élément du message. Très souvent, les paroles qu'ils m'ont *entendu* dire ne correspondent pas du tout à ce que j'ai prêché! Ce qu'ils ont entendu leur a procuré du bien-être, leur a confirmé leurs convictions ou a justifié leurs intentions.

Et la colère? Laissez-moi vous montrer brièvement que les accès de colère *n'ont rien en commun* avec un style de communication qui honore Dieu. Une personne explosive doit admettre qu'au fond, elle n'est pas en paix. Certains affirment que Dieu les a créés ainsi, mais, c'est faux. Votre comportement a peut-être été influencé par celui de vos parents ou par votre éducation. Cependant, il n'est pas conforme au dessein de Dieu. Vous devriez être une créature de paix, à l'image du Dieu de paix, mais la colère sous toutes ses formes détruit la paix. Jacques, le frère de notre Seigneur, a dit : « [...] car la colère de l'homme n'accomplit pas la justice de Dieu » (Jacques 1. 20).

Vous avez peut-être l'habitude d'exploser de colère, de temps à autre, depuis de nombreuses années, peut-être même depuis votre enfance. Pourtant, Dieu ne vous a pas conçu ainsi.

Les personnes colériques sont semblables à des volcans; la lave en fusion brûle continuellement en eux, et de temps à autre, un flot de colère fait irruption et se déverse sur les autres. La compagnie de ces personnes n'est pas agréable.

Croire que l'irritabilité est un signe de force, d'audace, de détermination, d'ambition et de ténacité est une grave erreur. Ceux qui commettent cette faute ont tendance à penser que les personnes paisibles sont désinvoltes, peu ambitieuses, peut-être paresseuses, et qu'elles « suivent » la masse. Il n'en est rien.

Nous pouvons être audacieux, déterminés et énergiques pour atteindre les buts fixés par Dieu pour nous, sans toutefois crier après les autres, exploser de colère, pleurer, frapper des objets ou serrer les poings. En effet, nous pouvons être détendus, tranquilles, confiants et paisibles sans manifester une once de paresse. Ce n'est pas parce qu'une personne est tranquille qu'elle consent facilement à des compromis; si elle est *spirituelle*, elle ne fait jamais de compromis avec le mal.

La paix n'est pas passive; elle est bien plutôt active, positive, motivante et exaltante.

Avez-vous mal compris? Il est parfois facile d'être irrités et de perdre notre paix lorsque nous nous sentons mal compris. Vous sentez-vous rejeté en entendant des paroles que vous interprétez comme de la critique? Bien que ce soit difficile à faire, si vous vous engagez à vivre en paix avec les autres, reconnaissez que nous nous méprenons facilement sur les intentions qui poussent les autres à poser certains gestes ou à dire certaines choses.

> *La paix bien n'est pas passive; elle est bien plutôt active, positive, motivante et exaltante.*

Autrement dit, le chemin de la paix est souvent pavé d'une attitude de cœur qui donne aux autres le bénéfice du doute. Cette attitude peut nous amener à remercier une personne qui nous corrige plutôt que de croire qu'elle le faisait sans chercher notre plus grand bien. L'auteur des Proverbes a écrit : « Comme le fer aiguise le fer, ainsi un homme excite la colère d'un homme » (Proverbes 27. 17).

Certains d'entre nous souffrent d'être mal compris. Je suis profondément blessé lorsque je n'ai pas été bien compris; je souffre lorsqu'on n'a pas saisi l'intention de mon cœur ou mes motifs et qu'on parle négativement à mon sujet, ou qu'on m'adresse des propos désagréables. Cela arrive même si je fais de mon mieux pour bien communiquer. Est-ce que je réitère mes convictions et mes conseils pour être mieux compris? Oui. Est-ce que j'y arrive toujours? Non. Je suis donc blessé, même si mon interlocuteur n'avait pas l'intention de me faire du mal.

Assurez-vous de bien comprendre les propos des autres. Demandez des explications si c'est nécessaire.

Si vous croyez qu'on vous a mal interprété, tentez d'expliquer et de clarifier votre pensée, ou répétez le sens de vos propos ou de vos motifs. Ne vous abandonnez pas à la colère ou ne laissez pas tomber par dégoût, mais expliquez-vous encore.

Rappelez-vous que nous n'avons pas toujours affaire à des amis. Par conséquent, attendons-nous à être la cible de dards enflammés – insultes, critiques, moquerie ou paroles de rejet. Parfois, un esprit de vengeance, de haine ou de colère anime ces paroles désobligeantes à notre égard; d'autres fois, elles nous parviennent par une tierce personne. Quelquefois, ces commentaires cachent un sentiment de jalousie ou sont lancés dans l'intention de saper notre succès. Ces attaques peuvent être sporadiques ou constantes comme dans les cas de violence psychologique. Elles sont parfois cruelles et dévastatrices. Ne vous laissez pas avoir, ne croyez pas la vieille comptine : « Les bâtons et les pierres peuvent briser mes os, mais les mots ne me blesseront jamais. » C'est faux.

Les critiques acerbes nous blessent. Nous ne pouvons y échapper, sauf si nous nous fermons complètement aux autres, mais ce n'est pas la volonté de Dieu. Ces moments douloureux deviennent des occasions de connaître la présence et la puissance de Dieu dans notre vie, grâce auxquelles nous pouvons être en paix au beau milieu de persécutions.

Heureusement, Jésus nous a annoncé une bonne nouvelle : « Heureux serez-vous, lorsqu'on vous outragera, qu'on vous persécutera et qu'on dira faussement de vous toute sorte de mal, à cause de moi. Réjouissez-vous et soyez dans l'allégresse, parce que votre récompense sera grande dans les cieux [...] » (Matthieu 5. 11, 12).

Je retiens deux leçons de la déclaration de Jésus. La première : nous sommes bénis si on dit *faussement* du mal de nous. Ainsi, si les critiques sont fondées, ne les rejetons pas, recevons-les et demandons à Dieu comment changer notre attitude ou notre comportement. En effet, nier nos erreurs, nos péchés et nos iniquités ou les ignorer ne procure aucune bénédiction. Celle-ci accompagne seulement le bien et la justice que nous accomplissons devant Dieu.

La deuxième leçon : le Seigneur affirme que nous sommes heureux si on dit faussement du mal de nous *à cause de lui*. Nous sommes bénis lorsque nous accomplissons la volonté de Dieu pendant que

Nous sommes bénis lorsque nous accomplissons la volonté de Dieu pendant que les autres nous critiquent à cause de notre fidélité envers sa Parole, de notre obéissance à son plan et à son dessein pour notre vie.

les autres nous critiquent à cause de notre fidélité envers *sa* Parole, de notre obéissance à *son* plan et à *son* dessein pour notre vie.

La question n'est pas de savoir si les paroles des autres nous blesseront dans cette vie, elle est plutôt de savoir si nous nous acharnerons sur cette plaie et l'empêcherons de guérir. Entretenons-nous du ressentiment et de l'amertume envers la personne qui a dit du mal de nous? La fuyons-nous? Sommes-nous fermés à ses propos? Nous éloignons-nous d'elle?

La Parole de Dieu nous exhorte à répondre aux propos blessants par de bonnes actions et de bonnes paroles. Elle nous recommande aussi de prier pour les personnes qui nous ont blessés. La prière nous fait oublier notre douleur et nous tourne vers quelque chose de positif et de bénéfique. De plus, nous faisons preuve de sagesse quand nous demandons à Dieu de guérir notre cœur, de nous montrer la leçon à tirer de cette blessure et de nous aider à pardonner à notre offenseur. Sachant que nous avons fait tout ce que le Seigneur nous demande, dans l'espoir de la guérison, de la restauration et de la force qui viennent de lui, nous devons poursuivre notre chemin avec assurance, notre cœur rempli de foi et de la paix de Dieu.

Vous rappelez-vous Brian? Il réagit mal à un malencontreux événement et il ne suivit pas la directive de Dieu de pardonner et d'être guéri par sa grâce. Au contraire, il choisit de faire ce qui est « normal »; il décida de prendre les choses en mains, et il nourrit l'amertume et la colère dans son âme. Le résultat? Il vécut sans la présence et la paix de Dieu durant des années, sauf dans les moments où le Saint-Esprit le visita et le pressa de pardonner à ses offenseurs et de se repentir de sa colère. Enfin, il comprit que l'Esprit de Dieu lui accordait une dernière occasion et, Dieu merci, il la saisit. À partir de ce jour, toutes ses connaissances se rendirent compte qu'il était un nouvel homme dont la mine et l'esprit s'étaient métamorphosés. Il devint un homme de paix, avec lui-même, avec les autres et avec Dieu. Au chapitre suivant, nous verrons comment restaurer des relations brisées comme le fit Brian.

LA RÉCONCILIATION

Nous devons tous de temps à autre relever un défi, celui d'arriver à vivre en paix avec les autres et à rétablir la paix lors d'un conflit. Dieu désire que nous vivions en paix avec notre prochain malgré les conflits possibles et parfois difficiles à dénouer. En réalité, il arrive qu'ils soient *insolubles*. Toutefois, comme nous l'avons vu au chapitre précédent, Dieu veut que nous fassions tout notre possible pour demeurer en paix avec tous.

En tant que disciples de Jésus, nous savons fort bien que, sans la direction constante de Dieu, nous pouvons agir de façon aussi ignoble que certains non-croyants. En effet, notre salut ne nous préserve pas automatiquement de la méchanceté, de la jalousie, de la haine ou de la colère. Nous ne troquons notre orgueil pour un comportement qui procure la paix que lorsque nous demandons au Saint-Esprit d'œuvrer en nous et par nous, que nous soumettons notre nature à la sienne et que nous cherchons à le représenter dans toutes nos relations.

Très souvent, les gens refusent d'assumer les responsabilités inhérentes à leurs actions. Quand une dispute éclate, bon nombre de personnes excusent leur attitude en disant : « Je n'y peux rien. Je suis fait ainsi. » Il ne leur vient jamais à l'esprit qu'elles peuvent *changer* leur attitude, pas plus qu'elles réalisent que le désir de Dieu est justement de les voir opter pour ce changement.

Je me souviens du fils d'un ami qui était au premier cycle du secondaire. Un matin où il ne voulait pas aller à l'école, il dit à son père : « Papa, aujourd'hui je vais passer une mauvaise journée. Je n'aurai que des malheurs. Je ne me sens pas bien, et ça ne fera que s'empirer; je le sens jusque dans mes os. »

Son père répondit : « Mon fils, le problème c'est que ta radio est syntonisée sur la mauvaise chaîne. Tu devrais en choisir une plus positive. Pourquoi ne le fais-tu pas? » Sans honte, l'adolescent répliqua que sa main ne voulait pas le faire et montra à son père sa main tremblante incapable de changer de station.

Cette histoire banale illustre bien que la bonne voie est sans doute la dernière que nous voulons choisir, surtout si elle nous déshonore ou qu'elle nous couvre de honte au cours d'un désaccord. Pourtant, c'est sur cette pierre angulaire que s'établit la paix avec les autres; elle est le *cœur* du problème. Attardons-nous au mot *cœur*, car il est la clé de la paix.

Avoir un cœur droit pour la paix

Dieu est la réponse parfaite à toute résolution difficile de conflits ou de disputes. Si vous êtes incapable de régler un différend, quelle est la première chose que vous devriez faire? Remettre le problème à Dieu. Ne vous précipitez pas chez vos amis, car ils peuvent aussi bien vous donner un bon conseil qu'un mauvais. Consultez plutôt la Parole de Dieu en vous rappelant l'illustre prière par laquelle Jésus a enseigné à ses disciples à demander au Père de leur pardonner comme ils pardonnent eux aussi aux autres. Tout en cherchant l'aide de Dieu, vous éprouverez peut-être le besoin de consulter un conseiller spirituel qui vous prodiguera de sages conseils.

Pendant que vous recherchez les instructions de Dieu, examinez-vous pour savoir si vous avez...

Un cœur pur

La pureté est la disposition de cœur appropriée pour rechercher la paix. Jésus a enseigné : « Ayez du sel en vous-mêmes, et soyez en paix les uns avec les autres » (Marc 9. 50). Cette recommandation fait référence à la pureté. À cette époque, le sel était la substance connue la plus nette, car elle était tirée des sources les plus pures : la mer et le soleil. Désirer seulement ce que Dieu veut – c'est-à-dire tout ce qui procure un bienfait éternel – est le fruit d'un cœur pur. Autrement dit, vous voulez que vos proches suivent Jésus, qu'ils croissent spirituellement, qu'ils soient transformés et qu'ils soient bénis en toutes choses. Les personnes dont le cœur est pur désirent ce que Dieu veut, plus que ce qu'elles aimeraient elles-mêmes.

Un cœur rempli d'amour

L'amour se manifeste toujours par le don. Tous les dons ne sont pas offerts par amour, mais l'amour véritable produit un flot spontané de dons – paroles, actions, objets, marques d'affection. L'amour permet de voir la personne au-delà de son geste et de trouver un moyen de lui *donner* selon le cœur de Dieu.

> *L'amour se manifeste toujours par le don. Tous les dons ne sont pas offerts par amour, mais l'amour véritable produit un flot spontané de dons – paroles, actions, objets, marques d'affection.*

À certains moments, le plus grand acte d'amour peut être le pardon, d'autres fois un conseil selon la Parole, une réprimande, une parole d'encouragement, un compliment sincère ou encore un présent qui comble un besoin de sécurité, de réconfort, de subsistance ou de soins physiques.

Un cœur patient

Colossiens 3, versets 12 et 13, nous recommande : « […] revêtez-vous d'entrailles de miséricorde, de bonté, d'humilité, de douceur, de patience. Supportez-vous les uns les autres, et, si l'un a sujet de se plaindre de l'autre, pardonnez-vous réciproquement […] » En plus d'être purs et aimants, nous devons être patients envers la personne avec qui nous sommes en relation et laisser à Dieu le temps d'œuvrer dans sa vie. Il nous faut accepter les moments difficiles et supporter la critique, même quand nous ne discernons pas l'action de Dieu. Nous devons accepter d'attendre jusqu'à ce que Dieu nous dise : « Vas-y, agis maintenant. »

Un cœur qui pardonne

Jésus a dit : « […] absolvez, et vous serez absous » (Luc 6. 37). L'apôtre Paul a écrit : « […] si l'un a sujet de se plaindre de l'autre, pardonnez-vous réciproquement. De même que Christ vous a pardonné, pardonnez-vous aussi » (Colossiens 3. 13). Le pardon implique que nous mettions de côté notre douleur et que nous la donnions à Dieu. Nous devons accepter de remettre entre ses mains toute blessure et toute injustice et de croire qu'il guérira notre cœur et qu'il s'occupera de notre offenseur.

Nous devons *toujours* pardonner, car le refus de pardonner n'est jamais justifiable devant Dieu. Pardonner ne signifie pas que nous nions nos blessures, camouflons notre douleur ou renonçons à réclamer que justice soit faite. Cela implique plutôt que nous libérons le coupable de notre propre jugement et que nous abandonnons toute amertume et tout désir de vengeance.

Si le coupable se retire de la relation ou s'il ne veut plus être votre employé, vous n'en êtes pas responsable. S'il continue à être méprisant, à vous critiquer, à vous condamner ou à être cruel envers vous, vous n'êtes pas responsable de son comportement.

Faites tout ce que vous pouvez pour être en paix avec les autres en ayant un cœur pur, aimant, patient et miséricordieux. Vous aurez ainsi accompli tout ce que Dieu attend de vous. C'est ce fondement qui vous prépare à traverser des situations où des relations brisées menaceront de faire chavirer votre navire.

Mis à part le cas de l'homme qui a du mal à se pardonner lui-même ses transgressions passées, tout conflit implique au moins deux personnes et souvent davantage. Cela dit, vous devez vous rappeler que la réconciliation est toujours une question de choix, et que vivre en paix avec les autres du mieux que vous le pouvez est aussi toujours un choix. Avez-vous remarqué que j'ai dit *du mieux que vous le pouvez*? Cela signifie que, si vous décidez de faire de votre mieux, vous pouvez être en paix avec autrui.

La réconciliation est un choix

Vivre en paix avec quelqu'un est un choix que nous faisons :

- dans nos amitiés;
- dans nos relations avec nos parents et nos enfants;
- dans notre mariage;

- dans notre quartier;
- à notre travail;
- dans notre église.

Faites de la paix une *priorité*, chérissez-la. Prenez la décision de la chercher jusqu'à ce que vous la trouviez.

Cependant, ne vous attendez pas à ce que n'importe quelle relation soit toujours paisible. Attendez-vous plutôt à ce que des conflits surviennent et que, dans la grande majorité des cas, vous arriviez à les régler.

Trop souvent, les couples se marient en croyant que leur relation sera fantastique à tous les points de vue, car le courant passe bien entre eux et leurs conditions sociales et financières semblent bien s'apparier. Le spectre de toutes les promesses brisées et de tous les divorces en Amérique du Nord prouve que ce n'est pas toujours le cas. L'expérience nous montre qu'à moins que deux personnes soient arrivées à apprendre à s'aimer mutuellement et à vivre en paix, leur mariage ne peut être réussi. L'argent, le statut social et les biens matériels ne peuvent le garantir.

Certains dirigeants d'entreprises ou d'organismes croient que leur fonction exige de faire peu de cas des gens, de malmener leurs employés et de leur donner des ordres, mais ils courent à leur perte. Un comportement contraire à la volonté de Dieu ne peut amener une authentique bénédiction. Être un dirigeant ferme, responsable, diligent et fidèle... oui! Être un dirigeant désagréable, indifférent, inattentif, querelleur pour pousser les travailleurs à être plus productifs... non! Un comportement qui n'est pas selon Dieu crée toujours des conflits, qui, eux, réduisent la qualité et la productivité et sapent le moral des employés. Un dirigeant consacré à Dieu tentera toujours de créer un environnement de travail paisible où tous travaillent vers un but commun.

Ne tombez pas dans le piège : les conflits ne sont pas nécessaires au progrès, ni sur le plan personnel ni sur le plan professionnel.

Recherchez la paix.

Désamorcer un conflit majeur

Que faire pour désamorcer un conflit majeur?

Déterminer l'importance de la relation

Premièrement, si vous voulez vivre en paix avec une personne, vous devez vous demander : « Cette relation est-elle assez importante pour que je la préserve? Suis-je prêt à faire certains compromis pour que la relation survive? Est-elle assez importante pour que je prenne le temps d'*apprendre* à vivre en paix avec cette personne ou ce groupe de personnes? »

Parfois, la réponse est non. Vous pouvez conclure que la souffrance attachée au maintien d'une amitié est trop grande pour que vous y investissiez votre temps et votre énergie. Si c'est le cas, retirez-vous dans la paix du mieux que vous le pouvez.

Récemment, j'ai entendu parler d'une femme, Margo, une nouvelle amie de Carole. Après plusieurs mois où elles soupaient ou allaient au cinéma ensemble pratiquement chaque semaine, Margo commença à se sentir mal à l'aise. Carole l'appelait de plus en plus, dépendait de plus en plus de son soutien émotionnel et insistait pour passer toujours plus de temps avec elle. Certaines personnes mentionnèrent à Margo que Carole était obsédée par elle, et des amis lui confièrent que des clichés d'elle tapissaient les murs de l'appartement de Carole et que cette dernière leur avait affirmé être incapable d'imaginer sa vie sans son amie.

Margo savait qu'elle devait prendre du recul. Elle tenta d'expliquer à Carole ce que signifiait l'amitié et elle lui suggéra de consulter un conseiller chrétien pour apprendre comment établir une véritable amitié. En guise de réponse, Carole adopta une attitude très défensive et rejeta la suggestion. Margo n'eut alors d'autre choix que de lui annoncer qu'elle devait mettre fin à leur relation. Mais voilà que Carole insista d'une manière un peu violente pour que leur relation survive. En fin de compte, Margo dut engager un garde du corps, car Carole la menaçait et la traquait.

Bien entendu, cette situation est extrême, mais elle illustre un fait : toutes les relations ne sont pas saines, même si elles semblent l'être au départ; certaines ne peuvent se poursuivre sainement. Certaines personnes ne savent tout simplement pas *comment* être un bon ami, un collègue qui encourage, un employé loyal, un employeur serviable ou un voisin aimable.

Demandez-vous quelle valeur vous accordez à une relation et dans quelle mesure vous la trouvez saine et mutuellement satisfaisante. C'est ce qui déterminera jusqu'où vous serez prêt à faire des compromis pour la préserver. Déterminez à quel point vous *chérissez* une relation, puis choisissez jusqu'où vous irez pour la protéger.

Je crois fermement que deux personnes sauvées par la grâce de Dieu et remplies par le même Esprit peuvent trouver une paix authentique, si elles tiennent sincèrement toutes les deux à leur relation.

Commencer à parler et continuer de le faire

Il est plus probable que deux personnes qui communiquent et qui continuent à se parler et à *s'écouter* s'entendent que celles qui demeurent muettes.

Ne me dites pas que vous aimez quelqu'un, mais que vous ne voulez pas lui parler. Ne prétendez pas aimer une personne si vous êtes incapable d'être transparent avec elle et de lui partager vos sentiments, vos idées et vos expériences passées. N'affirmez pas que vous aimez quelqu'un si vous ne voulez pas déterminer le cœur du problème qui vous divise. Chaque fois que vous dites : « Je l'aime, *mais...* » ou « Je l'aime *quand...* », vous révélez que vous n'aimez pas vraiment cette personne et que vous ne chérissez pas cette relation. Les mots *mais*, *si* et *quand* introduisent des conditions dans une relation, tandis que l'amour authentique est inconditionnel. Un tel amour ne limite jamais le dialogue, la transparence ou l'introspection. Il se distingue par le don généreux et la volonté de changer, de croître et de *partager* la plénitude de la vie avec une autre personne.

*Les mots **mais, si** et **quand** introduisent des conditions dans une relation, tandis que l'amour authentique est inconditionnel.*

Lorsqu'une personne se ferme comme une huître, qu'elle refuse de manifester ses émotions et qu'elle s'obstine à se taire sur un sujet, la relation en souffre. Chaque fois qu'un mur de défense s'érige et que l'attitude *Je ne veux pas entendre ce que tu as à dire là-dessus* prime, l'espoir de bâtir la paix est très mince. Un couple, une connaissance indirecte, trouve leur mariage difficile. Le plus désolant, c'est que l'homme comme la femme ne semblent pas prêts à s'investir pour sauver leur relation. Comme ils sont tous deux préoccupés par leurs propres intérêts, ils sont désenchantés et désillusionnés.

Au contraire, si deux personnes veulent maintenir le dialogue, poursuivre la discussion, rester ouvertes l'une envers l'autre et continuer de s'écouter, elles ont de bonnes chances de parvenir à un accord satisfaisant et de concilier leurs différences dans la paix. Pour arriver à cette entente, il est impératif que toutes deux s'expriment et écoutent l'autre; si une personne parle alors que l'autre n'écoute pas, elles n'y parviendront pas.

Des mots comme *commander*, *exiger*, *ordonner* et *insister* n'ont pas leur place dans la discussion, pas plus que les menaces, qu'elles soient claires ou subtiles. Adopter une attitude *c'est à ma façon ou rien* ne produit pas de paix.

> *Des individus différents ont besoin d'apprendre à chercher la **compréhension** mutuelle, beaucoup plus complexe que de simples renseignements sur l'autre.*

Des individus différents ont besoin d'apprendre à chercher la *compréhension* mutuelle, beaucoup plus complexe que de simples renseignements sur l'autre. Ils doivent aller au cœur du différend, et considérer les motifs, les désirs et les besoins dont ils n'avaient peut-être pas parlé jusqu'à présent. Il est indispensable qu'ils soient honnêtes à propos de leurs émotions et qu'ils exposent clairement ce qu'ils voudraient que la relation soit ou qu'elle devienne.

Soyez transparent

Vous ne pouvez espérer entretenir une relation pacifique tout en ayant en tête des intentions cachées ou des idées manipulatrices. Même si vous ne les révélez pas ouvertement, tôt ou tard, vos désirs se feront sentir, et l'autre répondra probablement par un retrait défensif ou par une hostilité ouverte.

Je connais un cadre supérieur qui travaillait à Atlanta pour une entreprise étrangère. Il eut un conflit avec le propriétaire de l'immeuble au sujet du bail de l'entreprise. Aucune des parties n'était d'accord avec le point de vue de l'autre. Une forte somme d'argent était en jeu.

Le cadre supérieur, un chrétien spirituellement en santé, posa un geste, d'après moi, admirable. Il s'assit en face du propriétaire et de son avocat, puis il libella un chèque en blanc à l'ordre du propriétaire et le lui remit en disant : « Je crois que vous êtes intègre. Je vous fais confiance et je suis persuadé que vous inscrirez un montant qui sera équitable pour chaque partie. » Sur ce, le propriétaire et son avocat cessèrent de discuter et quittèrent. Lorsqu'ils revinrent plus tard, ils avaient inscrit sur le chèque un montant acceptable pour le cadre de l'entreprise.

La détermination de cet homme à vivre en paix avec le propriétaire de l'immeuble et sa confiance en Dieu l'emportèrent. Il choisit la transparence et reçut en retour la paix, en dépit du risque de perdre un gros montant d'argent.

Êtes-vous prêt à admettre vos erreurs? Êtes-vous disposé à confesser vos faiblesses et vos fautes ou à avouer que vous avez peut-être mal compris l'autre? Êtes-vous disposé à reconnaître que votre réaction était excessive ou qu'une colère refoulée a explosé?

Êtes-vous prêt à examiner vos propres habitudes et vos attitudes profondément ancrées, dont quelques-unes se sont incrustées en vous depuis votre enfance? Ce que nous avons acquis durant l'enfance ne nous est pas toujours utile à l'âge adulte. Personne n'a eu de parents parfaits, et par conséquent, personne n'a vécu une enfance parfaite.

Avez-vous pleinement déterminé ce qui était utile, sain, sage et selon le cœur de Dieu dans votre enfance et ce qui ne l'était pas? En tant qu'adulte, assumez-vous vos attitudes, vos opinions, vos sentiments et votre comportement? Êtes-vous prêt à admettre que certains aspects de vos relations sont influencés par les vestiges d'amitiés antérieures, de relations amoureuses passées et même de votre enfance? La transparence envers soi et autrui peut nous aider à entrer en relation avec les autres dans la sagesse et l'amour. La meilleure manière de régler les problèmes de communication générés par notre faiblesse et nos échecs est de s'attaquer à la racine du problème.

Aller au cœur du problème

Quand vous communiquez ouvertement avec une autre personne, soyez transparent et faites de votre mieux pour découvrir le problème à la source de votre désaccord. Demandez-vous quel est le *vrai* problème.

Le cœur du problème est-il lié à une faible estime de soi ou à une incapacité d'apprécier l'autre? Est-il issu de l'orgueil? Vient-il d'une incapacité de surmonter le rejet ou de vaincre la solitude comme Dieu le désire?

Il n'y a pas très longtemps, je discutai avec une amie,

psychologue professionnelle et aussi femme sage et pieuse. Elle me toucha un mot de son intervention auprès d'une femme venue la voir pour une consultation conjugale. Elle l'avait rencontrée assez régulièrement pendant plusieurs mois, mais ce n'avait été que très récemment que sa cliente finit par admettre : « Mon mari et moi ne partageons pas le même lit depuis près de dix ans. »

Pourquoi donc?

— Eh bien, un jour, mon mari a commencé à se mettre en colère aussitôt arrivé du travail, à utiliser un vocabulaire grossier et à proférer des paroles haineuses à propos de son patron et de ses collègues. Je ne pouvais plus supporter ses accès de colère. Une demi-heure après son retour du travail, je me sentais nouée.

— Est-ce que ces emportements vous visaient?

— Non. Ils concernaient d'autres personnes, mais ils créaient une atmosphère que je détestais. Mon mari piquait sa crise, puis il faisait comme si de rien n'était. J'étais tendue et irritée à un point tel que j'avais l'estomac barbouillé et je ne pouvais rien avaler. C'était comme s'il passait toute sa colère et sa frustration sur moi. Trois ou quatre heures plus tard, il se mettait au lit et s'attendait à de la tendresse. Mes émotions ne pouvaient faire de si subites volte-face. J'étais trop irritée pour répondre à ses attentes.

— Lui avez-vous déjà demandé *pourquoi* il ressentait tant de colère au travail? Lui avez-vous déjà demandé *pourquoi* il croyait avoir le droit de déverser sa colère sur vous?

La conseillère me raconta que la femme l'avait dévisagée lorsqu'elle lui avait posé ces questions. La dame reconnut enfin qu'il ne lui était jamais venu à l'esprit de les poser à son mari. Elle ne savait pas du tout pourquoi il ressentait tant de colère ni pourquoi il pensait acceptables ces explosions de colère chaque soir. Pendant dix longues années, le cœur du problème n'avait jamais été abordé. À présent, ils sont tellement loin l'un de l'autre que seul un miracle pourrait restaurer leur relation.

Je demandai à la psychologue quelle était, d'après elle, la racine de la colère de cet homme. Elle m'a répondu que, selon son expérience de situations semblables, elle croyait que le père de cet homme devait exprimer sa colère et son hostilité ouvertement, et que cet homme avait non seulement pris une mauvaise habitude en laissant sa colère le dépasser, mais il avait acquis de mauvaises aptitudes de communication. Lorsqu'il se sentait dominé, rejeté ou confronté au travail, il ravalait ses sentiments et leurs permettaient de se transformer en colère réprimée. Une fois chez lui, il croyait « être en sécurité » et pensait « avoir le droit » d'exploser en présence de sa famille.

Bien sûr, tous les facteurs mentionnés font partie du cœur du problème et doivent être abordés pour que cet homme recouvre sa santé émotionnelle, que sa femme guérisse des blessures qu'il lui a infligées et que leur mariage soit restauré. Cependant, l'homme n'est pas la seule personne dans cette relation.

« Qu'en est-il de la femme? », demandai-je à la conseillère.

— Oh! Elle a des points importants à considérer elle aussi. Elle devra se demander pourquoi elle ne lui a jamais posé ces questions et pourquoi elle ne lui a jamais dit en sept ou huit ans : « J'en ai assez de t'entendre hurler et divaguer. Arrête! » Elle aura à affronter le fait qu'elle s'est permise d'intérioriser la colère de son mari et de devenir elle-même une sorte de paillasson émotionnel.

Elle devra aussi faire face au fait qu'elle s'est servie de l'affection et de la sexualité pour se défendre et manipuler son mari. Je ne crois pas qu'elle veuille lever le voile sur ces choses.
- Mais elle est venue vous consulter.
- Oui, mais cela ne signifie pas qu'elle veuille véritablement de l'aide. Je soupçonne qu'elle est venue me voir pour que j'approuve son désir secret de divorcer ou que je justifie son attitude et son comportement. Je saurai qu'elle cherche vraiment de l'aide, si *elle* commence à modifier sa façon de communiquer et d'agir.

La conseillère me dit que ces deux personnes, qui présentent toutes deux des problèmes profonds, doivent tenter de les régler si elles veulent sauver leur mariage. Je suis d'accord avec elle. Mon expérience de pasteur me permet d'affirmer que, si une personne est persuadée que l'autre est exclusivement responsable du conflit, si elle insiste pour que l'autre effectue tous les changements ou exige que l'autre assume seul l'échec de la relation, il est fort peu probable que la situation se résolve dans la paix.

Par contre, si deux personnes sont disposées à améliorer ensemble leur mode de communication déficient et leur relation précaire, dont elles sont *toutes deux* responsables, elles ont de grandes chances de se réconcilier et de poursuivre leur relation dans la paix.

Le rôle d'un conseiller chrétien

La Bible nous dit que le salut est dans le grand nombre de conseillers (Proverbes 11. 14). Si vous et la personne avec qui vous êtes en conflit accordez assez d'importance à votre relation pour effectuer les changements qui s'imposent et si vous désirez à tout prix vivre en paix, sans savoir comment communiquer, être transparents ou aller au cœur du problème, cherchez un conseiller qui marche avec Dieu. J'insiste, trouvez un conseiller *sage* et *éclairé de Dieu*.

Un conseiller sage donne des conseils fondés sur la Parole de Dieu, la plus grande source de sagesse.

Un conseiller pieux désire vraiment le meilleur, selon Dieu, pour votre vie et votre relation; il veut ce que Jésus veut pour vous. Il vous conduira à la Parole de Dieu et vous indiquera l'importance de bâtir votre relation sur un fondement commun aux deux parties : l'amour pour Jésus-Christ. En effet, lorsque Christ est la troisième personne dans la relation, qu'il est votre Sauveur et votre Seigneur à tous les deux et que vous cherchez à lui obéir, les chances de vous réconcilier et de trouver la paix sont réelles.

À l'inverse, un conseiller qui ne s'appuie que sur la sagesse du monde ne vous présentera pas la fondation solide dont vous avez besoin pour résoudre votre conflit de manière réellement pacifique. Un mauvais conseil peut détruire une relation. Cherchez un conseiller qui vous ramènera continuellement à la Parole de Dieu et qui vous encouragera à prier et à chercher la volonté de Dieu ensemble.

Montrez-moi deux personnes qui prient ensemble, lisent la Parole ensemble, s'entretiennent sur elle et qui sont disposées à communiquer de façon libre, transparente et honnête… trouvez deux personnes qui aiment profondément le Seigneur Jésus, qui tiennent sincèrement à leur relation et qui désirent le meilleur pour l'autre… et je vous montrerai deux personnes qui ont une base très solide pour trouver un terrain d'entente et vivre en paix.

Soyez prêt à :

- travailler au bien de votre relation;
- admettre vos limites, vos échecs et vos erreurs;
- parler et écouter;
- modifier votre façon de penser, vos réponses émotionnelles et votre comportement.

Répondre à ceux qui nous blessent

L'apôtre Paul nous a donné, de la part du Seigneur, une instruction très claire sur la façon dont nous devons répondre à ceux qui nous blessent, qui nous rejettent ou qui sont mal intentionnés : « Ne rendez à personne le mal pour le mal » (Romains 12. 17).

Ne prenez jamais la vengeance entre vos mains. Même dans les circonstances les plus difficiles, ne cherchez jamais à vous venger. Laissez les représailles au Seigneur. Il sait ce qui est juste, il sait quelles conséquences méritent ceux qui vous ont fait du mal et il connaît le moment où ils devront les subir.

Cette semaine, j'ai lu l'histoire d'une jeune femme remarquable. Elle marchait sur un sentier dans une forêt en Géorgie, lorsqu'un chasseur tira sur elle par erreur. Le jeune homme la trouva en état de choc; elle était littéralement à l'agonie. Par la suite, il fit toute chose bien : il lui donna la respiration artificielle, arrêta l'hémorragie et l'emmena immédiatement à l'hôpital. Il fut tout de même accusé d'assaut grave. Quant à elle, la blessée, qui était encore hospitalisée et toujours très malade, elle déclara publiquement qu'elle n'imputait aucune malveillance au chasseur. Elle demanda même qu'on n'engage pas de poursuites judiciaires contre lui et elle lui exprima sa gratitude pour lui avoir sauvé la vie. Elle choisit de remettre sa vie entre les mains de Dieu et refusa de se venger. Elle pardonna à l'homme qui avait failli causer sa mort.

Comment Dieu nous demande-t-il de traiter nos ennemis? Nous sommes appelés à confier à Dieu notre colère et nos désirs de vengeance. À cet effet, Paul est très clair : « Mais si ton ennemi a faim, donne-lui à manger; s'il a soif, donne-lui à boire […] » (Romains 12. 20).

Dieu a promis de récompenser ceux qui traiteraient bien leurs ennemis. Cette récompense *vous* sera remise si vous faites du *bien* à ceux qui vous font du mal. Aucune promesse n'est liée aux représailles, à la vengeance ou à la rancune.

Aucune promesse n'est liée aux représailles, à la vengeance ou à la rancune.

Aux temps bibliques, donner à manger et à boire à un ennemi en manque était un signe de grande hospitalité. Les gens savaient que renvoyer un ennemi dans le désert sans lui donner à boire l'inciterait à leur causer davantage de tort. Faire preuve de bonté élémentaire était au contraire un moyen de désamorcer sa colère et peut-être de mettre un terme à ses actions malveillantes.

Nourrir l'affamé et abreuver l'assoiffé illustrent la façon dont nous pouvons combler les besoins fondamentaux de nos ennemis. La Bible ne dit pas que nous devons nous donner du mal et poser des gestes d'une générosité exceptionnelle envers ceux qui nous font du mal. Nous n'avons pas à travailler pour nos ennemis, à leur donner des pots-de-vin ni à faire preuve de favoritisme envers eux. Dieu nous demande simplement de satisfaire leurs besoins fondamentaux quand nous en avons l'occasion. Nous devons agir avec courtoisie envers nos ennemis, leur parler avec bienveillance et nous abstenir de critiques à leur égard.

Voici ce que Jésus enseigne à ce sujet : « [...] Aimez vos ennemis, bénissez ceux qui vous maudissent, faites du bien à ceux qui vous haïssent, et priez pour ceux qui vous maltraitent et qui vous persécutent » (Matthieu 5. 44).

Le principe à propos des ennemis et de la persécution est le même aujourd'hui qu'aux temps bibliques! La seule manière de transformer un ennemi en ami est de le traiter avec bonté. La force et la vengeance ne font pas d'amis. Nos ennemis le deviennent si nous leur manifestons plutôt l'amour de Dieu, leur faisons du bien, disons du bien à leur sujet et prions pour eux.

Si vous traitez vos ennemis avec bonté, le Seigneur vous récompensera. Si votre ennemi continue à vous persécuter et à vous faire du mal, Dieu, lui, saura vous bénir.

Cependant, votre bonté doit être sincère et ne pas être une forme de manipulation. N'utilisez pas la bonté pour arriver à vos fins.

Lorsque nous manifestons de la bienveillance à un ennemi, il est souvent surpris, car il ne s'y attend pas. Il croit plutôt que vous agirez comme lui, que vous démontrerez de la colère, que vous exercerez la vengeance et que vous engagerez des représailles. Si vous ne le faites pas, il est probable que votre ennemi éprouve un certain remord, de l'angoisse ou de la honte. Votre réaction dispose son cœur à l'action du Saint-Esprit. Au fond, votre bonté ouvre la porte au Saint-Esprit.

À l'opposé, si nous nous vengeons, nous entrons dans le camp de l'ennemi et nous adoptons la même tactique que lui. Nous sommes alors tout aussi coupables que lui de répandre le mal et nous risquons de subir les mêmes conséquences.

Toutes les relations brisées ne peuvent être réconciliées

« Mais, Monsieur Stanley, vous ne semblez pas croire que les miracles sont possibles en toute situation », songez-vous peut-être.

Je crois fermement aux miracles, mais je crois aussi que certaines personnes *ne veulent pas* que leurs relations brisées soient réconciliées. Tant qu'elles résistent, le conflit ne peut pas être résolu.

Il est tout simplement impossible de résoudre un différend et de rétablir la paix si une des personnes impliquées affirme catégoriquement : « C'est fini. Je ne veux plus de cette relation. Oublie la réconciliation. C'est terminé! » Une personne ne peut faire survivre une relation à elle seule ni forcer l'autre à la réconciliation ou à vivre en paix; elle ne peut contraindre l'autre à poursuivre une relation dont cette personne ne veut plus.

Un psychologue chrétien de renom affirma un jour : « Si une des personnes impliquées dans un conflit trace 359 degrés du cercle et que l'autre refuse, pour quelque raison que ce soit, d'ajouter le degré manquant pour compléter le cercle, la relation brisée ne pourra être rétablie. »

Mais pourquoi quelqu'un ne *voudrait*-il pas se réconcilier? Pour de nombreuses raisons : certaines personnes semblent aimer vivre sous haute tension, dans les querelles et le tohu-bohu. Dans la plupart des cas, ces personnes ont grandi dans le tumulte; c'est tout ce qu'elles connaissent. Elles croient pouvoir gérer une atmosphère remplie de jurons et de blasphèmes, et parfois de violence, d'avidité, de jalousie ou de silence de béton. Elles sont même inconfortables lorsque la paix et la joie règnent.

Il existe aussi des gens qui prennent plaisir à la misère des autres. Ils voient en leur capacité de faire souffrir l'autre une forme de puissance ou de contrôle. De telles personnes ne se sentent bien que si leur entourage se sent mal. Elles sont contrariées lorsque d'autres éprouvent une joie authentique. En fin de compte, ces personnes sont en colère contre elles-mêmes, mais elles l'admettent rarement. Je le répète, certaines personnes ne connaissent que les conflits. Coexister en paix avec les autres leur est totalement étranger.

Les conflits conjugaux

Dernièrement, un homme me dit : « Monsieur Stanley, je crois que ma femme va me quitter. Elle me menace de divorcer depuis quelques mois. Je lui demande constamment ce qu'elle veut changer dans notre mariage, mais elle ne me répond pas. Je crois que la seule chose qu'elle veuille changer, c'est de ne plus être mariée avec *moi*. Que puis-je faire pour sauver notre mariage ? »

– Vous ne pourrez probablement pas y arriver si elle ne veut plus être mariée avec vous ou si elle n'arrive pas à mettre le doigt sur ce qui cloche dans votre relation.

– Tout ce qu'elle me dit, c'est : « Tu ne me rends plus heureuse. » J'en déduis que je faisais quelque chose qui lui apportait du bonheur et que désormais je ne le fais plus. Je n'arrive pas du tout à découvrir ce que c'est, et quand je lui demande, elle ne me répond pas.

– Je ne crois pas que vous *puissiez* la rendre heureuse.

– Je pense que je pourrais, si seulement je savais quoi faire, répondit-il sur la défensive.

– Non, répondis-je. Vous ne pouvez pas et personne ne le peut, car le bonheur authentique et durable ne se trouve que dans une relation personnelle avec Jésus. Vous pouvez donner des présents à votre femme ou poser des gestes qui la feront temporairement sourire, mais vous *ne pouvez* lui apporter le bonheur.

– Mais que faites-vous des versets qui parlent de notre responsabilité envers les autres? *Je dois être le gardien de mon frère,* par exemple. Cela ne veut-il pas dire que je doive rendre ma femme heureuse?

– D'après la Bible, votre responsabilité est d'aimer votre femme, de prendre soin d'elle et de pourvoir à ses besoins comme vous le faites pour vous-même. Cela signifie que vous devez l'encourager, la fortifier et partager votre vie avec elle. La façon dont elle le *reçoit* ne dépend que d'elle. Elle peut apprécier ce que vous lui apportez et lui dites, le chérir et s'en réjouir, comme elle peut tout aussi bien le recevoir en se disant que ce n'est pas assez et que cela ne le sera jamais. Vous ne pouvez gérer ses sentiments.

– Je devrais donc arrêter de lui demander ce que je peux faire pour elle?

– Bien sûr que non, continuez à le lui demander. Je ne dis pas que vous devriez cesser de l'aimer et de vous donner à elle. J'affirme seulement que vous n'êtes pas responsable de la manière dont elle reçoit votre amour et vos attentions. C'est à elle de prendre la décision d'être heureuse et d'être en paix avec vous. C'est à elle de *choisir* d'éprouver de la reconnaissance pour son mari aimant, sa magnifique famille et sa jolie maison, et de l'exprimer.

Mon interlocuteur s'assit un instant pour réfléchir à ce que je lui avais dit, puis il soupira : « Essayer de la rendre

heureuse était un réel fardeau pour moi. »
- C'est un fardeau qu'on ne peut porter longtemps sans s'effondrer sous son poids. Puis-je vous demander quand vous avez encouragé votre femme pour la dernière fois? Quand lui avez-vous demandé ce que vous pouviez faire pour elle?
- Hier soir. Elle m'a jeté un regard furieux, a haussé les épaules et a changé de pièce en claquant la porte derrière elle.
- Et quand *vous* a-t-elle posé les mêmes questions pour la dernière fois?

L'homme m'a regardé d'un air ébahi : « Je ne crois pas qu'elle m'ait un jour demandé ce qu'elle pouvait faire pour moi. »
- Depuis combien de temps êtes-vous mariés?
- Quinze ans.
- Et elle ne vous a jamais demandé ce qu'elle pourrait faire pour vous aider ou vous encourager?
- Non.
- L'a-t-elle fait lorsque vous vous fréquentiez?
- Non.
- Cela aurait dû vous donner un indice. L'amour se traduit par le *don*. Lorsque vous aimez vraiment quelqu'un, vous ne pouvez jamais lui donner assez. Vous aimez donner ce que la personne apprécie recevoir. L'apôtre Paul a écrit que l'amour ne cherche pas son propre intérêt. Autrement dit, il n'exige pas de recevoir, mais il cherche à donner (voir 1 Corinthiens 13. 5).

Ensuite, je racontai à cet homme l'histoire d'un jeune

couple que je connaissais depuis de nombreuses années. La fiancée m'avait raconté à quel point elle était folle de joie de se marier et qu'elle considérait son fiancé comme « l'homme de ses rêves ». Elle avait pris le temps de me dire où son futur mari travaillait, quel était son salaire, où ils planifiaient s'installer et même le type de voiture qu'il allait lui acheter.

Une sonnette d'alarme s'était fait entendre alors dans ma tête et je lui avais demandé : « Que comptes-tu lui donner? Que planifies-tu faire pour lui? Il semble que tu auras un époux merveilleux, mais toi, que lui apporteras-tu? »

Elle m'avait fixé droit dans les yeux, et un point d'interrogation se lisait sur son visage. Elle m'avait finalement dit : « Vous voulez dire faire les repas, par exemple? »

Je m'étais mis à rire et j'avais ajouté : « C'est un début. L'amour a tout à voir avec *donner*. Au lieu de vous demander ce que votre futur mari fera pour vous ou vous donnera, demandez-vous ce que vous êtes impatiente de faire pour lui ou de lui donner. Dans un bon mariage, le mari et la femme donnent tous deux généreusement à l'autre. Lorsqu'on aime authentiquement, on a l'impression de ne jamais donner assez. Amour ne rime pas avec recevoir mais avec donner de façon désintéressée.

Dans un bon mariage, le mari et la femme donnent tous deux généreusement à l'autre. Lorsqu'on aime authentiquement, on a l'impression de ne jamais donner assez. Amour ne rime pas avec recevoir mais avec donner de façon désintéressée.

Après notre bref entretien, la jeune femme m'avait quitté les épaules basses. J'avais senti que je venais de crever sa bulle de

joie, mais je savais que le Seigneur m'avait incité à parler ainsi.
Quelques mois plus tard, j'appris que ce couple avait rompu ses fiançailles et que le mariage était annulé. J'avais demandé à un de leurs amis ce qui s'était passé. Il m'avait simplement répondu : « C'était un cas où lui ne donnait jamais assez et elle ne recevait jamais assez. » Il avait ajouté : « L'incroyable dans tout cela, c'est qu'elle semblait être au courant. Elle savait qu'elle ne l'aimait pas assez pour lui donner en retour. C'est elle qui a finalement mis un terme aux fiançailles. »

J'étais content qu'elle ait pris cette décision, car l'amour de cette jeune femme pour son fiancé n'était pas substantiel; elle n'était pas généreuse envers lui.

Lorsque je l'avais revue, environ deux ans plus tard, elle s'était exclamé : « Monsieur Stanley, j'ai une grande nouvelle à vous apprendre! Je me suis mariée il y a quelques mois; mon mari et moi sommes en amour. J'ai trouvé un homme à qui j'ai *envie de* donner. Je ne me lasse jamais de lui, de sa présence, de son affection; et je ne lui donne jamais assez. J'adore trouver de nouvelles façons de l'aider et de lui donner, et plus je le fais, plus je l'aime. Merci pour votre conseil; grâce à lui, j'ai évité de commettre une grave erreur. »

Après avoir raconté cette histoire au mari mal aimé, il hocha la tête et me confia : « Vous avez raison. Aimer c'est donner. Je veux toujours donner à ma femme. J'ai sûrement cru qu'en lui donnant *davantage*, elle m'aimerait. »

— Vous ne pouvez rien faire pour inciter quelqu'un à vous aimer. Vous ne pouvez obliger une personne à rester avec vous, si elle veut vous quitter.

— Devrais-je tout simplement la laisser partir?

— Non. Votre mariage vaut la peine que vous vous battiez pour le préserver. Suggérez-lui de consulter un conseiller éclairé de Dieu. Tentez de communiquer avec elle. Par contre, si elle est déterminée à vous quitter, vous devez lui *donner* la liberté de le faire. Vous devrez peut-être l'aimer assez pour la laisser partir.

Jusqu'à quel point devrions-nous faire des compromis?

Jusqu'où devons-nous faire des compromis pour trouver la paix? La Parole nous fournit une réponse très claire. Nous devons en faire dans la mesure de la force, de la grâce, de la bonté et de l'amour que Dieu nous donne, sans toutefois violer un principe ou un commandement biblique.

Si accepter un compromis vous fait céder au mal, violer un commandement, sombrer dans l'immoralité, plonger dans le déni, s'il vous pousse à vous rebeller contre un principe divin concernant les relations, s'il vous amène à ne plus considérer la Bible comme la vérité de Dieu ou vous conduit à vous détourner de Jésus votre Seigneur, ne le faites pas. Vous ne devez jamais désobéir à la Parole de Dieu.

Pardonner à quelqu'un soixante-dix-sept fois sept fois? Oui.

Faire un, deux, et même cent kilomètres de plus? Oui.

Désobéir à la Parole de Dieu, que ce soit à ses commandements ou à des principes fondamentaux? Non.

Jésus aurait pu être en paix avec les autorités religieuses de son époque s'il avait fait des compromis avec ces gens, mais il aurait ainsi violé les principes de l'amour, du pardon et de la grâce de Dieu répandue afin que tous puissent croire en son nom et être sauvés. Jésus ne chercha pas la paix à n'importe quel prix; il ne nous appelle pas à le faire non plus.

L'apôtre Paul aurait pu, lui aussi, faire la paix avec les dirigeants religieux de son temps et avec les autorités romaines. Il n'avait qu'à affirmer que Jésus n'était qu'un bon enseignant et que sa mort à la croix n'était pas le seul moyen d'obtenir le salut. Néanmoins, si Paul avait fait une telle déclaration, il aurait trahi la vérité de Dieu. Lui non plus ne chercha pas la paix à n'importe quel prix. Au contraire, il accepta d'être poursuivi, banni, accablé d'injures et blessé dans son corps pour ne pas compromettre la Parole de Dieu.

Jésus ne chercha pas la paix à n'importe quel prix; il ne nous appelle pas à le faire non plus.

En outre, vous ne devez jamais compromettre l'appel spécifique que vous avez clairement et directement reçu de Dieu. Si vous vous rebellez ouvertement contre Dieu et que vous rejetez délibérément son appel, le Seigneur permettra que vous en subissiez pleinement les conséquences et il n'interviendra plus dans votre vie.

De plus, vous ne devez jamais compromettre la vérité de la Parole de Dieu. De nos jours, les gens semblent détester le concept de vérité absolue. Ils croient plutôt en des vérités relatives et c'est pourquoi ils affirment que certaines choses sont « vraies pour *eux* » et pas nécessairement pour tous. Ils haïssent la Parole de Dieu, car elle donne des commandements et proclame des vérités applicables à tous les peuples, à toutes les cultures, à toutes les nationalités, à toutes les races, à toutes les époques et à toutes les générations depuis la création.

Récemment, j'ai écouté une conversation entre l'animateur d'une émission de télévision et une adolescente. L'animateur a demandé : « Crois-tu qu'avoir des relations sexuelles avant le mariage est bien ou mal? » Elle a répondu : « Pour *moi* c'est mal, mais les autres peuvent faire ce qu'ils veulent. C'est peut-être bien pour *eux*. » J'entends beaucoup d'adolescents et d'adultes répandre cette idée, non seulement à propos de la fornication, mais aussi sur bien d'autres comportements que la Bible qualifie de péchés.

Lorsqu'il s'agit de la Parole de Dieu, les gens qui croient à la vérité relative et non à la vérité absolue ont tendance à dire : « C'est ce que *tu* crois. C'est *ton* interprétation. »

Je vous assure que si vous refusez tout compromis en ce qui concerne vos convictions profondes ainsi que votre appel et la Parole de Dieu, le Seigneur se tiendra pour vous. De plus, il tournera toutes les persécutions que vous subirez en bienfait éternel. Il vous fera croître spirituellement, il vous donnera une plus grande foi et vous procurera une plus grande puissance. Il vous récompensera soit sur terre, soit au ciel pour votre prise de position; et il vous donnera sa paix!

VAINCRE LA PEUR

Beaucoup de gens pensent que le contraire de *peur* est *espoir*, *courage* ou *force*. Or, ils ont tort, car le véritable opposé de *peur* est *foi*. Lorsque

Le véritable opposé de peur est foi.

la peur paralyse, elle ne supprime pas seulement la paix, elle en ébranle aussi le fondement, à savoir la foi. La paix s'envole devant la peur. Plusieurs sondages menés suite aux attaques terroristes du 11 septembre 2001 révèlent qu'une grande partie de la population vit dans la peur – la peur de voyager, la peur de la ruine, la peur des étrangers, etc. Le revers de la médaille est que la plupart de ces personnes en proie à la peur ignorent ce qu'est la paix. Elles ne connaissent pas la tranquillité, la sérénité et la confiance, nécessaires à toute vie normale, paisible et absente de peur.

La peur provient en grande partie du doute que Dieu sera présent, qu'il procurera sa justice, qu'il fournira son aide, qu'il sera capable de gérer la crise imminente. Quant à la foi, elle proclame : « Oui, Dieu est présent. Oui, Dieu pourvoira à nos besoins. Oui, Dieu est omnipotent. » La peur vient aussi des menaces, parfois verbales, parfois physiques. La foi, elle, répond : « Je ne serai pas apeuré par les menaces. J'agirai avec sagesse et non avec crainte. Je crois que Dieu sera présent quelle que soit la menace qui pourrait survenir. Si elle me surprend, je crois que Dieu m'aidera à la surmonter, peu importe son ampleur. »

Lorsque Saül, roi d'Israël, se rendit compte que Dieu avait

puni son arrogance et sa désobéissance en lui retirant son onction et sa bénédiction pour en combler le jeune David, il était furieux. Pour en finir avec la menace qui pesait sur lui, il se mit à poursuivre le jeune homme avec l'intention de le mettre à mort. De son côté, David se sentait menacé par l'armée de Saül et eut peur pour sa vie à quelques reprises. Toutefois, les Écritures nous révèlent que David était fortifié par la promesse que Dieu allait le protéger et qu'un jour il ferait de lui le roi d'Israël.

De nos jours, nous lisons des articles sur des personnes qui, malgré la maladie, un accident ou un danger, ont pris le risque de l'échec, du rejet et... de la victoire. Les histoires d'explorateurs de l'Arctique, d'athlètes olympiques, de missionnaires, d'investisseurs téméraires et de philanthropes nous viennent à l'esprit et nous prouvent que les menaces ne doivent pas nous désemparer ou nous paralyser.

Il y a quelques années, je me sentis menacé par les répercussions possibles de l'annonce au sujet de l'intention de divorce de ma femme. Pour de nombreuses églises, des problèmes conjugaux chez le pasteur indiquent sa faillite morale. Je fus très stressé au moment où l'annonce fut faite.

Lorsque j'appris aux membres du conseil de mon église la décision de ma femme, ils répondirent sensiblement : « Tu étais là pour nous quand nous étions dans l'épreuve, nous aussi, nous serons avec toi dans ces moments difficiles. Tu étais là lorsque nous avons eu besoin de toi, maintenant nous serons là pour toi, car tu as besoin de nous. »

Je fus très encouragé par plusieurs membres qui m'avouèrent qu'ils savaient quel genre d'homme j'étais. Ils connaissaient ma personnalité et ma consécration au Seigneur, et ils savaient que je vivais du mieux que je pouvais ce que je prêchais. Ils se tiendraient à mes côtés peu importe la suite des choses.

Lorsque nous nous sentons menacés, notre défi est de ne pas nous arrêter aux *éventualités*, mais plutôt d'accorder toute notre attention à la réalité!

Beaucoup de gens vivent aujourd'hui sous la menace : la menace de devenir malades, la menace de voir leurs enfants blessés, la menace de perdre leur emploi. La réponse à toutes ces hantises est de *croire* la vérité à propos de Dieu, de son amour pour nous, de sa capacité et de son désir de pourvoir à tous nos besoins, et spécialement à propos de sa paix qui peut nous aider à traverser n'importe quelle épreuve.

La nature de nos craintes

Un jour, lorsque j'avais environ 15 ans, j'étais seul près d'un ruisseau. Pour une raison quelconque, je décidai de plonger à partir d'une roche où nous avions l'habitude de le faire, mais cette fois, je voulus faire le poirier sous l'eau. Je plongeai et je me tins sur la tête dans un équilibre parfait. Puis, je ne parvins pas à me déséquilibrer, car le courant m'en empêchait. Je restais droit dans l'eau, la tête en bas, peu importent les mouvements que je faisais. Je paniquai et pensai *Je vais me noyer!* Je ne sais d'où l'idée me vint de me pousser vers le haut. Je culbutai aussitôt vers l'avant et en moins de temps qu'il ne faut pour le dire, je sortis la tête de l'eau pour respirer.

Cette peur liée à l'instinct de survie est tout à fait normale et naturelle.

Détectez vos peurs. De quoi avez-vous le plus peur? De mourir? D'être seul? De vieillir?

Avez-vous peur d'être rejeté ou critiqué, ou de perdre un être cher?

Avez-vous peur de perdre la santé ou de contracter une maladie particulière?

Avez-vous peur que vos enfants ou votre conjoint soient victimes d'une tragédie?

La peur peut si bien se cacher dans notre cœur que nous ne la décelons pas; elle peut se manifester sous forme de prémonition, de malaise ou d'appréhension.

Examinons les peurs majeures les plus courantes.

La peur de subir les conséquences du péché

> *La peur est une réaction universelle normale de l'être humain qui **sait** qu'il est pécheur et séparé de Dieu.*

La peur est une réaction universelle normale de l'être humain qui *sait* qu'il est pécheur et séparé de Dieu. Ce type de peur est la première émotion mentionnée dans la Bible. Au troisième chapitre de la Genèse, nous lisons qu'Adam et Ève se cachèrent lorsqu'ils entendirent la voix de Dieu qui parcourait le jardin vers le soir. Quand Dieu l'interrogea, Adam répondit : « [...] J'ai entendu ta voix dans le jardin et j'ai eu peur, parce que je suis nu, et je me suis caché » (Genèse 3. 10).

Reconnaître notre propre péché nous met à nu. Nous nous sentons alors vulnérables au jugement de Dieu et nous avons peur d'être découverts et punis.

Dieu a placé cette peur en nous afin que nous soyons en mesure de fuir le danger. Il désirait qu'Adam et Ève fuient la présence de Satan, le serpent qui vint les tenter dans le jardin d'Éden. La peur a véritablement pour fonction et pour but de nous inciter à fuir les tentations de l'Ennemi, chaque fois qu'elles se présentent.

La peur du danger

Depuis la chute de l'homme dans le jardin d'Éden, nous ne ressentons pas la peur seulement en présence de Satan, mais aussi face à la mort, à la destruction et au danger. C'est le premier sentiment qui nous assaille lorsque se présente un danger, quelle qu'en soit la source. La peur nous permet de prendre les précautions nécessaires et d'adopter une position de défense en prévision d'un assaut ou de déguerpir si possible.

Nous avons donc de nombreuses peurs naturelles, comme la peur de tomber, la peur de se brûler sur une cuisinière en marche ou la peur de traverser une autoroute à l'heure de pointe. Grâce à ces peurs qui nous éloignent du danger et de la douleur, nous protégeons et préservons notre vie. Elles nous aident à éviter les blessures autant physiques et émotionnelles que spirituelles.

Depuis la vingtaine, j'ai une très saine peur des serpents. Un jour, je marchais avec un des membres de mon église, et soudainement il me dit : « Arrêtez, ne faites pas un pas de plus. » Il était tôt le matin, des ombres couvraient le chemin où nous marchions. Je regardai en avant et je vis dans l'ombre ce qu'il avait déjà vu. Un serpent à sonnettes enroulé sur lui-même se préparait à attaquer.

Je ne fis absolument aucun mouvement jusqu'à ce que le serpent se déroule et quitte le chemin, j'avais trop peur de cligner des yeux ou de répondre à mon compagnon.

Était-ce une réaction normale? Bien sûr que oui. Cette peur a-t-elle contribué à préserver ma vie? Il est fort probable que oui. Comme j'ai souvent fréquenté des régions désertiques, ma peur des serpents m'a évité à coup sûr des blessures à plusieurs occasions. Je donne aux serpents beaucoup de chances de s'enfuir!

Les peurs normales et positives ne sont pas seulement liées aux phénomènes naturels ou aux animaux, elles le sont aussi aux attitudes humaines. Par exemple, il serait normal d'avoir peur de consommer des hallucinogènes et de refuser d'essayer ce type de drogues. De la même manière, il serait normal d'avoir peur de connaître la sexualité en dehors du mariage, non seulement pour éviter les grossesses non désirées et les maladies sexuellement transmissibles, mais aussi pour s'épargner les dangers émotionnels, comme le rejet, la solitude, la honte et la culpabilité d'avoir enfreint les commandements de Dieu. Normalement, nous devrions avoir peur de monter dans une voiture dont le conducteur est en état d'ébriété. Il serait aussi normal de craindre les conséquences qui incombent au criminel. La peur peut protéger notre vie physique *et* assurer le bien-être de notre âme.

Par contre, Dieu n'a jamais voulu que nous ayons peur de lui ni que nous redoutions notre avenir avec lui. Lorsque les Écritures parlent de la *crainte* de Dieu, il s'agit de la révérence, de l'honneur ou du respect. Nous adoptons cette attitude lorsque nous sommes conscients que Dieu gouverne toutes choses et qu'il est parfaitement juste dans tous ses jugements. Une grande conscience de la gloire de Dieu et une attitude de révérence envers lui produisent l'humilité et l'obéissance.

En outre, Dieu n'a jamais désiré que la peur nous empêche d'affermir notre relation avec lui, de vivre normalement ou d'assumer nos responsabilités envers les autres. L'apôtre Paul à écrit à Timothée, son compagnon dans l'œuvre : « Car ce n'est pas un esprit de timidité que Dieu nous a donné, mais un esprit de force, d'amour et de sagesse » (2 Timothée 1. 7).

Toute peur qui vous retient de témoigner l'Évangile, qui vous garde replié sur vous-même, qui freine votre aide aux gens dans le besoin ou qui vous pousse à agir de manière irrationnelle *n'est pas* normale; elle ne vient pas de Dieu.

La peur du mal

Les dangers spirituels sont tout aussi réels que les dangers physiques. Il est *sain* d'en avoir peur lorsque nous y sommes confrontés.

Il y a de nombreuses années, je partis en voyage missionnaire en Haïti avec 17 personnes de mon église de l'Ohio. Un jour, alors que nous regardions un homme exécuter une danse au cours de laquelle il faisait tournoyer sa machette dans notre direction, je ressentis soudain la présence horrible du mal. Pendant un instant, j'eus peur pour ma vie et celle de mes compagnons. Ma première réaction fut la colère, puis, je me mis à intercéder pour notre sécurité.

Cette peur provenait du monde *spirituel*. Je me suis rendu compte qu'il s'agissait d'une peur que tout chrétien *devrait* ressentir en présence du mal.

Pourquoi la peur du mal est-elle bonne? Parce qu'elle nous incite à prier, à croire que Dieu nous délivrera de la puissance du Malin et à nous éloigner le plus possible du mal; du moins, il devrait en être ainsi.

La peur de désobéir à Dieu

La peur de désobéir à Dieu est, elle aussi, bonne. Cette peur peut et *devrait* nous pousser à obéir.

J'éprouvai une des plus grandes peurs de ma vie le jour où je fus élu président de la Southern Baptist Convention pour la première fois. Je me sentais incompétent et je ne voulais pas remplir cette fonction. C'était une époque de division et de douleur parmi les 15 millions de baptistes du Sud et, même si certains dirigeants de la Convention voulaient que je pose ma candidature pour le poste, j'avouai à Dieu ainsi qu'à ces femmes et ces hommes que je n'en voulais pas.

La veille des mises en candidature, j'étais en réunion avec des prédicateurs et une missionnaire. Cette femme me dit avec assurance : « Charles Stanley, agenouille-toi et repens-toi. Dieu t'a choisi comme président. Mets-toi à genoux et repens-toi! » Je m'agenouillai sur-le-champ et priai, mais je résistais dans mon cœur.

Je répétai à Dieu que d'autres étaient beaucoup plus qualifiés que moi pour ce poste; je lui dis que certains hommes avaient le tempérament qu'il fallait pour cette fonction. Je rappelai à Dieu l'animosité que nourrissaient certains membres de la dénomination à mon égard et je Lui demandai d'appeler quelqu'un d'autre.

À mon lever, le matin suivant, je pris la ferme décision de ne pas les laisser inclure mon nom dans la liste des candidats à la présidence. Au moment où je posai la main sur la poignée de porte de ma chambre, Dieu parla à mon cœur : « *Ne touche pas à cette poignée tant que tu ne seras pas prêt à faire ce que je te demande.* » Je m'agenouillai, en sanglots, au pied du lit. Je savais que je devais le faire, sinon je désobéirais à Dieu. Je réitérai encore une fois au Seigneur que je ne voulais vraiment pas remplir cette fonction, malgré que je savais que je devais l'accepter. Je me souviens avoir pensé : « *Peut-être que le Seigneur désire seulement que je m'humilie et que cette affaire n'ira pas plus loin.* »

Je me rendis ensuite dans une salle où des pasteurs et des dirigeants d'églises priaient. Je dis à un ami : « Je crois que *tu* devrais occuper ce poste. » Il répondit : « Je ne le ferai pas. » Puis le Seigneur parla à mon cœur, *Dis-leur*, et je m'entendis déclarer : « Je vais le faire. » Je fus immédiatement saisi d'une peur accablante. Je me sentais comme si je tombais d'un pic montagneux et que j'allais me fracasser sur les rochers tout en bas. Toutefois, les autres personnes présentes dans la pièce se mirent à prier et à se réjouir. Je conclus finalement : « D'accord, Seigneur, je ferai ce que je crois être ta volonté. » Dès lors, la peur me quitta.

Je fus surpris d'apprendre, après le compte des votes, que j'avais gagné.

Tout de suite après mon élection, un groupe d'hommes entreprit de ternir ma réputation et de m'empêcher de remplir efficacement mes fonctions. Cela ne me dérangeait pas. Je n'avais pas peur. Une fois la question réglée, elle était réglée dans mon esprit. Je déployai tous mes efforts pour être le meilleur président dans la mesure du possible, avec la force et la direction du Seigneur.

Cette expérience m'apprit que la foi en Dieu est *toujours* plus puissante que la peur. J'ai aussi appris qu'une confiance constante en Dieu pouvait arrêter la peur de nous diriger et de nous dominer.

Peur réelle ou fausse peur?

Les peurs que j'ai décrites jusqu'à maintenant sont normales et, à plusieurs égards, elle sont utiles; ce sont de *vraies* peurs.

Les fausses peurs, par contre, ne sont pas réelles. Elles sont le fruit de notre imagination et habitent seulement notre esprit. Si elles persistent et croissent, elles peuvent produire un « esprit craintif ».

Un esprit craintif enchaîne le cœur et la raison. Un tel esprit, qui peut aller de la phobie maladive à la peur paralysante qui empêche de fonctionner normalement et de cultiver de saines relations, rend une personne *esclave* de la peur. Cette personne n'ira pas à certains endroits, ne participera pas à certaines activités ou ne prendra pas la parole dans certaines situations simplement parce qu'elle craint de perdre, d'être blessée, de subir des persécutions ou d'être châtiée.

Pour bon nombre d'entre nous, le premier objectif à atteindre avant de maîtriser une peur est de déterminer si elle est légitime ou non.

Les chercheurs qui ont étudié la peur ont découvert que nous réagissons pratiquement de la même manière, que la peur soit fausse ou réelle. La réponse physiologique chez une personne qui voit un ours vivant est presque identique à celle d'une personne qui aperçoit dans l'ombre quelqu'un déguisé en ours.

Ce principe s'applique aussi aux peurs émotionnelles. Les peurs liées à la confiance en soi et à l'estime de soi sont particulièrement préjudiciables. Par exemple, une personne qui craint le rejet a tendance à répondre aux autres en fonction de cette peur, qu'elle soit justifiée ou non. Les conséquences sont les mêmes, que son évaluation soit juste ou non.

Certaines fausses peurs résultent de mauvais enseignements. La peur de se voir nier l'entrée du ciel vient souvent d'enseignements erronés en ce qui concerne la capacité de pardonner de Dieu et le don de la vie éternelle. Les peurs à propos de Dieu surviennent chez les gens à qui on a enseigné des faussetés au sujet de la véritable nature de Dieu.

D'autres peurs irréelles seraient causées par les préjudices que nous aurions subis ainsi que par une mauvaise influence que nos parents auraient eu sur nous durant notre petite enfance.

Comme l'anxiété, la peur servile qui nous paralyse :

- trouble l'esprit, inhibe la réflexion et éteint la créativité;
- cause des tensions physiques qui provoquent souvent des paralysies émotionnelles ou des blocages temporaires;
- affaiblit l'assurance en soi et réduit l'audace, particulièrement en ce qui concerne la proclamation de la Bonne Nouvelle de Jésus notre Sauveur et le témoignage à propos de la bonté de Dieu;
- nous retient de prier, et surtout avec foi et hardiesse;
- nous empêche d'atteindre, dans tous les domaines de notre vie, le plein potentiel que Dieu nous a donné.

Une peur qui nous gêne ou qui nous limite ne *correspond* pas avec notre nature, car nous sommes fils et filles du Tout-Puissant.

Pour déterminer si une peur est normale, réelle et utile ou si elle sape, enchaîne et paralyse, nous devons nous poser les questions clés suivantes : « Qu'est-ce que Dieu dit au sujet de cette peur? Dit-il que je devrais craindre dans cette situation? Affirme-t-il plutôt qu'il est suffisant en toute chose et qu'il pourvoira à tous mes besoins et que, par conséquent, je n'ai pas à craindre cette chose, cette relation, ce geste, cette éventualité ou cette situation ? »

Sept étapes pour vaincre la peur

Nous pouvons faire plusieurs pas pour arriver à surmonter nos peurs.

1. Reconnaître la peur ressentie

Nous n'atteignons jamais une maturité spirituelle telle que nous n'avons plus peur. Nous ressentirons toujours des peurs naturelles et normales qui nous protègent, et nous subirons des attaques spirituelles angoissantes. La peur peut tous nous saisir.

Reconnaissez que vous avez peur. Demandez à Dieu de vous aider à déceler le type de peur dont il s'agit : nommez-la, définissez-la et prenez-en conscience afin de pouvoir en parler et confesser au Seigneur son existence.

Ne niez pas votre peur. Ne croyez pas que vous êtes trop « mûr » pour craindre. Nous n'atteignons jamais une maturité spirituelle telle que nous n'avons plus peur. Nous ressentirons toujours des peurs naturelles et normales qui nous protègent, et nous subirons des attaques spirituelles angoissantes. La peur peut tous nous saisir.

Même s'il avait vu la puissance de Dieu le protéger et le sauver à de nombreuses reprises, David écrivait encore :

Mon cœur tremble au-dedans de moi,
Et les terreurs de la mort me surprennent;
La crainte et l'épouvante m'assaillent,

Et le frisson m'enveloppe.
Je dis : Oh! si j'avais les ailes de la colombe,
Je m'envolerais, et je trouverais le repos;
Voici, je fuirais bien loin,
J'irais séjourner au désert. (Psaume 55. 4-7)

Ne tolérez pas la peur, comme si elle était inoffensive. En réalité, la peur peut vous interdire d'aller où Dieu veut que vous alliez; elle peut vous retenir d'accomplir ce qu'il désire que vous fassiez.

Reconnaissez votre peur, faites-y face.

2. Demander immédiatement l'aide de Dieu

Approchez-vous de votre Père céleste sans délai pour lui demander qu'il vous aide à surmonter votre crainte. Demandez au Seigneur de libérer votre esprit de pensées qui nourrissent la peur et de le protéger de toute peur obsédante. Demandez-lui de vous préparer à neutraliser la peur grâce à des émotions positives.

Le psalmiste a écrit : « J'ai cherché l'Éternel, et il m'a répondu; Il m'a délivré de toutes mes frayeurs » (Psaume 34. 4).

3. Déterminer la source de votre peur

Demandez à Dieu de vous aider à découvrir toute émotion qui pourrait être liée à votre peur comme

- l'avidité : la peur de manquer de quelque chose;
- le rejet : la peur de ne pas être accepté;

- la culpabilité : la peur d'être découvert;
- le manque de confiance : la peur de l'échec;
- la colère : la peur de ne pas garder le contrôle, de perdre la maîtrise de soi ou d'avoir une mauvaise estime de soi;
- la jalousie : la peur de ne pas avoir ce qui vous appartient légitimement;
- l'indécision : la peur de la critique, la peur de prendre une mauvaise décision.

Il n'y a pas longtemps, j'appris l'histoire d'une femme qui a peur de sortir la nuit même si elle habite dans un quartier jugé très sûr. Elle a peur de se rendre à sa voiture ou d'aller fermer les arroseurs dans le jardin.

Un pasteur que je connais demanda à cette femme quelle était, d'après elle, la source de sa peur. Elle répondit qu'elle avait toujours eu peur du noir. (Je souligne que j'avais moi-même très peur de rester seul dans le noir lorsque j'étais petit.)

Le pasteur continua à sonder ses pensées : « Mais *pourquoi* croyez-vous que vous avez peur du noir? »

– Je crois que j'ai peur qu'un malheur m'arrive dans le noir, que je ne puisse voir venir le coup et donc que je sois incapable de m'en protéger.

– Pensez-vous être seule responsable de votre protection?

– Je n'y ai jamais vraiment pensé.

– Pensez-vous possible que Dieu désire protéger son enfant lorsqu'elle est seule dans le noir?

– Bien, oui, répondit-elle.

Une larme glissa sur sa joue.

Le conseiller me raconta : « Cette femme s'est rendu compte

qu'une peur se cachait derrière sa crainte évidente du noir : elle croyait que Dieu ne serait peut-être pas toujours là pour elle. Nous avons lu près de douze passages bibliques qui nous assurent que Dieu est toujours avec ceux qui ont reçu Jésus comme leur Sauveur. »

La dame avoua finalement au pasteur : « Je n'ai pas peur du noir! J'ai peur que Dieu soit négligent! Je dois prendre conscience que Dieu est avec moi en *tout* temps, surtout dans le noir. »

La vérité est que *Dieu est toujours avec vous.*

Si vous êtes capable de sentir sa présence à quelques centimètres de vous et de voir qu'il marche avec vous pas à pas, vous pourrez marcher par la foi, sans crainte.

Si vous êtes capable de sentir la présence du Seigneur à quelques centimètres de vous, de voir qu'il marche avec vous pas à pas, vous pourrez marcher par la foi, sans crainte.

4. Consulter la Parole de Dieu

Des douzaines de versets bibliques nous répètent : *Ne crains pas.* J'affectionne particulièrement un passage des Écritures qui traite de la peur, Ésaïe 41. 9-13 :

Toi, que j'ai pris aux extrémités de la terre,
Et que j'ai appelé d'une contrée lointaine,
À qui j'ai dit :
Tu es mon serviteur,
Je te choisis et ne te rejette point!
Ne crains rien, car je suis avec toi;

Ne promène pas des regards inquiets, car je suis ton Dieu;
Je te fortifie, je viens à ton secours,
Je te soutiens de ma droite triomphante.
Voici, ils seront confondus, ils seront couverts de honte,
Tous ceux qui sont irrités contre toi;
Ils seront réduits à rien, ils périront,
Ceux qui disputent contre toi.
Tu les chercheras et ne les trouveras plus,
Ceux qui te suscitaient querelle;
Ils seront réduits à rien, réduits au néant,
Ceux qui te faisaient la guerre.
Car je suis l'Éternel, ton Dieu,
Qui fortifie ta droite,
Qui te dis : Ne crains rien,
Je viens à ton secours.

Lisez le chapitre à voix haute, répétez-le autant que vous en avez besoin. Laissez la Parole s'ancrer profondément dans votre esprit.

Mémorisez les versets qui parlent de la peur. Le psaume 56 est merveilleux pour les gens qui ont peur que leurs détracteurs ou leurs ennemis détruisent leur travail, leur réputation, leurs biens ou minimisent leur influence.

Aie pitié de moi, ô Dieu! car des hommes me harcèlent;
Tout le jour ils me font la guerre, ils me tourmentent.
Tout le jour mes adversaires me harcèlent;
Ils sont nombreux, ils me font la guerre comme des hautains.
Quand je suis dans la crainte, en toi je me confie.
Je me glorifierai en Dieu, en sa parole;

Je me confie en Dieu, je ne crains rien;
Que peuvent me faire des hommes?
Sans cesse ils portent atteinte à mes droits,
Ils n'ont à mon égard que de mauvaises pensées.
Ils complotent, ils épient, ils observent mes traces,
Parce qu'ils en veulent à ma vie.
C'est par l'iniquité qu'ils espèrent échapper!
Dans ta colère, ô Dieu, précipite les peuples!
Tu comptes les pas de ma vie errante;
Recueille mes larmes dans ton outre :
Ne sont-elles pas inscrites dans ton livre?
Mes ennemis reculent, au jour où je crie;
Je sais que Dieu est pour moi.
Je me glorifierai en Dieu, en sa parole;
Je me glorifierai en l'Éternel, en sa parole;
Je me confie en Dieu, je ne crains rien;
Que peuvent me faire des hommes?
Ô Dieu! je dois accomplir les vœux que je t'ai faits;
Je t'offrirai des actions de grâces.
Car tu as délivré mon âme de la mort,
Tu as garanti mes pieds de la chute,
Afin que je marche devant Dieu,
À la lumière des vivants.

Le psaume 91, que j'ai déjà mentionné, est un psaume extraordinaire qui aborde la crainte :

Celui qui demeure sous l'abri du Très-Haut
Repose à l'ombre du Tout-Puissant.

Je dis à l'Éternel : Mon refuge et ma forteresse,
Mon Dieu en qui je me confie!
Car c'est lui qui te délivre du filet de l'oiseleur,
De la peste et de ses ravages.
Il te couvrira de ses plumes,
Et tu trouveras un refuge sous ses ailes;
Sa fidélité est un bouclier et une cuirasse.
Tu ne craindras ni les terreurs de la nuit,
Ni la flèche qui vole de jour,
Ni la peste qui marche dans les ténèbres,
Ni la contagion qui frappe en plein midi.
Que mille tombent à ton côté,
Et dix mille à ta droite,
Tu ne seras pas atteint;
De tes yeux seulement tu regarderas,
Et tu verras la rétribution des méchants.
Car tu es mon refuge, ô Éternel!
Tu fais du Très-Haut ta retraite.
Aucun malheur ne t'arrivera,
Aucun fléau n'approchera de ta tente.
Car il ordonnera à ses anges
De te garder dans toutes tes voies;
Ils te porteront sur les mains,
De peur que ton pied ne heurte contre une pierre.
Tu marcheras sur le lion et sur l'aspic,
Tu fouleras le lionceau et le dragon.
Puisqu'il m'aime, je le délivrerai;
Je le protégerai, puisqu'il connaît mon nom.
Il m'invoquera, et je lui répondrai;

Je serai avec lui dans la détresse,
Je le délivrerai et je le glorifierai.
Je le rassasierai de longs jours,
Et je lui ferai voir mon salut.

Concentrez-vous sur les textes bibliques qui racontent l'histoire de diverses personnes qui ont dû affronter la peur. Notez la façon dont Dieu a géré la situation et la manière dont il les a dirigées. Par exemple, Moïse eut peur de retourner en Égypte (Exode 3), et Esther craignit lorsqu'elle dût confronter Haman (Esther 3-5).

Mémorisez les versets qui mentionnent que Dieu désire que vous marchiez par la foi. Saturez votre esprit des passages qui fortifient votre foi.

5. Louer le Seigneur

Alors que vous lisez la Parole de Dieu à voix haute, joignez fréquemment vos louanges à cette proclamation de la vérité.

Voici trois de mes passages bibliques favoris qui traitent de la peur :

L'Éternel est ma force et le sujet de mes louanges;
C'est lui qui m'a sauvé. (Psaume 118. 4)

Des cris de triomphe et de salut s'élèvent
Dans les tentes des justes :
La droite de l'Éternel manifeste sa puissance!
La droite de l'Éternel est élevée!
La droite de l'Éternel manifeste sa puissance!

Je ne mourrai pas, je vivrai,
Et je raconterai les œuvres de l'Éternel. (Psaume 118. 15-17)

Je t'exalterai, ô mon Dieu, mon roi !
Et je bénirai ton nom à toujours et à perpétuité.
Chaque jour je te bénirai,
Et je célébrerai ton nom à toujours et à perpétuité.
L'Éternel est grand et très digne de louange,
Et sa grandeur est insondable. (Psaume 145. 1-3)

6. Faire un pas dans la bonne direction

Jésus demanda souvent aux gens qu'il guérissait ou délivrait de prendre part à leur délivrance ou guérison en posant un geste positif. Par exemple, il demanda à un paralysé de prendre son lit et de quitter la piscine de Béthesda, et il dit à un aveugle d'aller se laver au réservoir de Siloé.

Je crois qu'il est très important d'affronter nos peurs en faisant un pas de foi. En posant une action, créez une occasion où Dieu pourra vous révéler qu'il est plus grand que la peur que vous avez ressentie.

Récemment, j'ai entendu l'histoire d'une femme qui avait une peur déraisonnée de marcher sur les grilles des trottoirs de San Francisco. Elle craignait que les grilles cèdent et qu'elle tombe en dessous. Elle demanda au Seigneur de la délivrer et elle sentit le Seigneur lui dire : « Viens te promener avec moi. » Elle sortit sachant que le Seigneur voulait qu'elle marche sur les grilles qu'elle croiserait. Sept grilles plus tard, elle rentra chez elle et entendit de nouveau le Seigneur lui dire : « Je marche avec toi partout où tu vas. »

La plupart des gens connaissent l'histoire de David et Goliath.

Toutefois, ils n'ont peut-être pas remarqué que David *courut* vers le géant. Il courut par la *foi*, une foi basée sur les délivrances que Dieu lui avait accordées auparavant face à un ours et un lion. Le berger courut avec *assurance* sachant que Dieu lui avait donné la capacité de courir vite et d'exceller dans le tir à la fronde. David courut avec *sagesse* sachant qu'il avait choisi exactement les bonnes pierres.

Si vous prenez le temps d'y penser, vous vous rappellerez les nombreuses occasions où Dieu vous a accompagné lorsque vous aviez peur. Il vous a délivré dans le passé. Il vous a donné des forces et des aptitudes. Et, dans sa Parole, il a promis de vous remplir de sa sagesse si seulement vous la lui demandez. Appelé à faire face à des situations qui vous font peur, et elles se présenteront, courez vers ce qui vous effraie en faisant confiance à Dieu. Il est bon de mémoriser les paroles de David : « Je marche contre toi au nom de l'Éternel des armées [...] Aujourd'hui l'Éternel te livrera entre mes mains [...] Car la victoire appartient à l'Éternel. Et il vous livre entre nos mains » (1 Samuel 17. 45-47).

7. Prendre une décision

Prenez la décision ferme de ne pas vivre dans la peur, choisissez de croire Dieu; croyez-le plus que vos propres émotions.

Il est possible que votre foi et votre confiance ne soient pas *entières* dès le début. Notre foi et notre confiance croissent avec le temps et les épreuves, dans les multiples crises, blessure après blessure, à mesure que nous voyons la fidélité de Dieu. Vous pouvez toutefois donner immédiatement suite à votre décision de marcher par la foi, chaque fois que la peur frappe, en disant au Seigneur : « *Dieu, tu règnes sur ma vie, en tout temps; tu ne m'abandonnes jamais.* »

Prenez aussi la décision de ne pas avoir peur de Dieu. Lorsque j'étais enfant, je concevais Dieu comme un juge sévère assis au ciel qui attendait que je commette une erreur pour me punir. Je faisais beaucoup d'efforts pour lui plaire, et la plupart du temps, je ne croyais pas y arriver. J'avais peur d'être atteint d'une terrible maladie ou de mourir dans un horrible accident. J'imaginais qu'il me frapperait du jugement le plus sanglant et affreux possible.

Aujourd'hui, quand je songe à mon Père céleste qui m'aime tant, mes pensées sont tout à fait à l'antipode de celles que j'avais étant jeune. Je ne le vois plus comme un juge, mais comme mon soutien, mon protecteur, mon pourvoyeur et le sauveur de ma vie. Je sais qu'il me pardonnera si je pèche et que mon salut éternel est assuré. Je sais que ce qu'il me réserve contribuera à mon bien-être éternel.

Prenez la décision de faire confiance à Dieu, qui vous aime, qui pourvoit à tous vos besoins, qui prend soin de vous, qui est toujours disponible et qui règne sur votre vie à tout instant. Prenez la décision de mettre votre foi en lui.

Si vous agissez ainsi, je suis pleinement convaincu que Dieu peut supprimer les peurs qui vous figent afin que vous goûtiez sa paix profonde.

13

VIVRE DANS LE CONTENTEMENT

Après avoir passé deux semaines à prendre des photos dans une des régions les plus fabuleuses et majestueuses du monde, je me levai un matin sur un terrain de camping dans les hauteurs des Rocheuses canadiennes. J'étais en compagnie de plusieurs hommes de mon église, et nous avions joui d'une riche communion fraternelle ainsi que d'une merveilleuse aventure dans l'arrière-pays. J'étais déçu que notre périple touchât à sa fin, mais j'avais hâte de reprendre ma routine de prédicateur à Atlanta.

Pratiquement toute la journée, nous nous étions affairés à démonter le camp et à nous rendre à la ville où nous passerions notre dernière nuit avant le départ. Une des premières paroles qu'un employé nous adressa lorsque nous sommes entrés à l'hôtel fut : « Il y a un problème à la maison. »

Nous nous sommes tout de suite regardés les uns les autres, animés d'une seule et même pensée... nos familles. Ayant vraisemblablement lut notre pensée, le commis ajouta : « Cela n'a rien à voir avec vos familles. Votre pays est attaqué. »

Nous nous sommes dirigés en hâte vers une chambre pour regarder la télévision. Un gratte-ciel en flammes apparut, et quelques secondes plus tard, un homme sautait à partir d'un des étages supérieurs.

En état de choc, je fixais le téléviseur, à l'écoute des divers reporters qui récapitulaient les événements du 11 septembre 2001. Il fallut quelques heures pour que je saisisse toute l'histoire. Deux avions avaient foncé dans les tours jumelles du World Trade Center, puis ces dernières s'étaient effondrées. Alors qu'on craignait que des milliers de personnes y aient trouvé la mort, des milliers d'autres s'étaient échappées du tourbillon de poussière et de débris avec des blessures mineures ou majeures. Un troisième appareil s'était écrasé et avait pris feu sur le Pentagone où il avait fait un nombre inconnu de victimes. Un quatrième avion qui se dirigeait vraisemblablement vers le Capitole ou la Maison Blanche s'était écrasé dans un champ en Pennsylvanie. Par mesure de précaution, le vice-président ainsi que des hauts fonctionnaires clés avaient été conduits en lieu sûr. Le président venait tout juste de rentrer à la Maison Blanche après plusieurs vols qui l'avaient emmené à divers endroits sécuritaires aux États-Unis. Notre pays était attaqué par des terroristes.

Environ une semaine plus tard, je me trouvai à Ground Zero. Comme beaucoup de gens qui se tenaient là, debout, j'arrivais à peine à comprendre l'ampleur de la dévastation devant mes yeux. C'est une chose que d'assister à une tragédie grande comme un écran de téléviseur. C'en est une autre que d'écouter des dizaines d'histoires de métal tordu et de béton, devant des montagnes de débris qui fument encore.

Une vague d'émotions envahit mon âme :

- de la tristesse et du chagrin,
- de la colère,
- du désespoir,
- de l'impuissance,
- un vide,
- de la solitude,
- de l'incertitude.

Je ressentais aussi une « pression » générale innommable, peut-être de la douleur, peut-être un désarroi, peut-être savais-je que la vie dans notre pays venait de changer sans que nous ayons réalisé comment encore.

Pendant que j'écoutais les pompiers, les volontaires, les survivants et les membres des familles des victimes raconter leur histoire, j'entendis l'expression d'autres émotions :

- la confusion,
- la peur et un souci de sécurité,
- le regret de ne pas avoir dit au revoir une dernière fois, de ne pas avoir demandé pardon, de ne plus avoir l'occasion de dire *Je t'aime,*
- du respect et de la fierté envers le travail des braves secouristes,
- du découragement face à l'énorme tâche à accomplir,
- le doute de revivre des moments de joie.

Durant les jours qui suivirent, comme beaucoup de gens, j'eus du mal à me concentrer sur certaines tâches. Il me semblait disposer de très peu d'énergie et de créativité. Je désirais vivement fuir la réalité, faire comme si rien ne s'était produit et retrouver la vie que nous menions quelques semaines auparavant, plus simple, plus sûre, moins vulnérable. Je soupirais après le contentement; je voulais de nouveau être rempli de paix. Je me rendais compte que nous allions, comme nation, devoir réapprendre comment être satisfaits et éprouver du contentement.

Bon nombre de gens ne reconnaissent pas que vivre le contentement s'apprend progressivement. Faire des pas en vue de retrouver la paix après une tragédie fait partie de ce processus d'apprentissage.

Un exemple de l'apprentissage du contentement

J'ai décrit précédemment la vie de l'apôtre Paul à la fin de son ministère. Même s'il était emprisonné et enchaîné, il était capable d'écrire aux croyants de l'église de Philippes. Il choisit de parler aux Philippiens de l'importance d'être rempli de joie et non d'anxiété, et de prier en tout temps, même dans les temps difficiles, avec la foi en la puissante présence de Dieu qui les protégerait. Il leur écrivit qu'ils devaient avoir le cœur et l'esprit remplis de la paix de Dieu. Quelle lettre à ses frères dans la foi!

L'épître ne donne aucun signe qui nous laisserait soupçonner que l'esprit de Paul est troublé par les circonstances. Elle ne contient aucune trace de colère à laquelle on pourrait s'attendre, puisque Paul était injustement emprisonné. Aucun indice de frustration face à l'interdiction de sortir et de prêcher librement selon son habitude. Aucun signe de peur, quoique sa vie fût en danger imminent. L'épître aux Philippiens est, au contraire, remplie de contentement, de joie et de *paix*.

Dans cette seule lettre, Paul utilise 16 fois l'expression *la joie du Seigneur*. Et, comme si toutes ces paroles n'étaient pas suffisantes, il renchérit sur la joie au milieu des souffrances : « J'ai appris à être content de l'état où je me trouve. Je sais vivre dans l'humiliation, et je sais vivre dans l'abondance. En tout et partout j'ai appris à être rassasié et à avoir faim, à être dans l'abondance et à être dans la disette. Je puis tout par celui qui me fortifie » (Philippiens 4. 11-13).

L'apôtre Paul a dû *apprendre* le contentement. En l'admettant aux Philippiens, il leur avoua qu'il n'avait pas toujours été satisfait. Il dut suivre un processus d'apprentissage pour arriver à un point où il put dire : « [...] J'ai appris à être content de l'état où je me trouve » (Philippiens 4. 11).

Au cours de sa vie, Paul mena des luttes, en lui-même et au dehors. De telles luttes auraient pu supprimer ou balayer chez quelqu'un d'autre la plus grande paix qu'on puisse éprouver.

Une lutte extérieure

Dans une lettre destinée aux Corinthiens, Paul décrit les grandes difficultés qu'il a éprouvées lors de ses voyages missionnaires (2 Corinthiens 11. 23-29) :

- cinq fois il a reçu des Juifs quarante coups moins un;
- trois fois il a été battu de verges;
- il a été lapidé une fois;
- trois fois il a fait naufrage, ayant passé en une occasion un jour et une nuit dans l'abîme;
- il a fréquemment été en péril à cause de brigands, en péril à cause de ceux de sa nation, en péril à cause de Gentils;
- il a souvent été en danger durant ses voyages, dont sur les mers déchaînées qui menaçaient de faire couler le bateau qui le transportait;
- il a plus d'une fois été emprisonné;
- souvent, il s'est vu en danger de mort;
- il connut l'insomnie, la faim, la soif, le froid et la nudité à maintes reprises;

- il a été critiqué, faussement accusé, mal cité, incompris et rejeté.

Une lutte intérieure

Plus nous obéissons au Seigneur, plus nous avons confiance en lui; et plus nous lui faisons confiance, plus nous ressentons sa paix.

Paul a décrit aux Romains les luttes qu'il menait dans son âme. Il leur avoua qu'il ne faisait pas les choses qu'il voulait et qu'il faisait celles qu'il ne voulait pas. Il a toutefois trouvé en Christ une solution : lui céder sa vie entière, puis se laisser guider par le puissant ministère du Saint-Esprit.

Au fur et à mesure que nous devenons conscients de la vie de Christ en nous par le Saint-Esprit, notre désir de lui obéir croît toujours davantage et de plus en plus, de même que celui d'accourir vers lui pour être pardonnés dès que nous constatons notre désobéissance. Plus nous obéissons au Seigneur, plus nous avons confiance en lui, et plus nous lui faisons confiance, plus nous ressentons sa paix.

Paul a appris le contentement en toutes circonstances, bonnes ou mauvaises, au milieu de ses luttes intérieures ou extérieures, en apprenant à faire confiance à Dieu. C'est par la confiance en Dieu que nous apprenons le contentement.

Une des plus grandes leçons de l'apprentissage du contentement est la suivante : vous avez la capacité de *résoudre* toute situation, et non simplement d'y réagir. Si vous mettez simplement votre confiance en Dieu, la puissance du Saint-Esprit qui habite en vous vous rendra capable de faire face aux problèmes avec foi et sagesse.

Quatre conseils clés qui permettent de connaître le contentement

Pour vivre dans un contentement intérieur durable, nous avons quelques devoirs à faire. Je m'adresse tout d'abord à ceux qui sont en relation avec une personne qui leur apporte du mécontentement plutôt que la paix et la satisfaction. Vous êtes peut-être en relation avec quelqu'un qui refuse d'aimer inconditionnellement ou d'être un ami loyal. Autrement dit, selon votre point de vue, un *si* devance toujours les promesses : « Si tu fais cela, nous pourrons... » ou « Si tu es d'accord, alors peut-être... » Dans un tel cas, vous devez appliquer le conseil n° 1.

Conseil n° 1 : Rompez les liens conditionnels

Reconnaissez que vous ne pouvez rien faire pour contraindre quelqu'un à vous aimer inconditionnellement; il ou elle le fait ou ne le fait pas. L'amour inconditionnel ne se gagne pas, aucun effort ne peut le mériter. De même, aucune formule ni prescription ne garantit d'être aimé inconditionnellement. En fait, les termes *gagner* et *mériter* ne s'appliquent pas à l'amour *inconditionnel*.

Se remettre d'une relation avec une personne qui aime conditionnellement exige beaucoup de temps, surtout si cette personne est un parent ou un conjoint.

Une personne qui a vécu pendant des années avec quelqu'un qui l'aimait conditionnellement devient méfiante en entendant : « Je t'aime. » Elle a tendance à demander, d'une façon ou d'une autre : « Pourquoi? » Elle veut connaître les attentes de l'autre personne, les raisons pourquoi elle lui déclare son amour et ce que son sentiment amoureux requiert pour durer.

La phrase « Je t'aime » peut signifier pour cette personne : « Je dois avoir fait quelque chose de *correct*. Qu'est-ce que cela peut-il bien être pour que je le refasse? » De temps à autre, elle doit se dire : « Attention! Je suis sans doute sur le point d'entendre un *mais* bientôt... « Je t'aime, mais... »

Une personne qui a l'habitude de recevoir de l'amour conditionnel n'est jamais complètement détendue dans une relation. Elle court toujours le risque de commettre une erreur, de rater un signal ou de décevoir l'autre. Alors, elle est tendue et anxieuse; autrement dit, elle n'est pas en paix.

Le revers de la médaille est qu'il est très difficile d'être en relation avec une personne qui n'a jamais connu l'amour inconditionnel, qui ne sait pas exprimer son amour ni en recevoir, et qui ignore qu'elle ne connaît pas les bases essentielles d'une relation profonde ou d'un mariage solide.

Lorsque vous êtes libre de la recherche de la perfection aux yeux d'une autre personne, vous pouvez alors chercher activement la complétude aux yeux de Dieu. Un de mes amis a entendu pendant des années sa famille dire : « Cent pour cent n'est pas suffisant pour notre famille, tu dois gagner cent dix pour cent. » Quel fardeau pour un enfant qui grandit!

Néanmoins, lorsqu'on reconnaît ces attentes fausses et préjudiciables pour ce qu'elles sont, on peut les rejeter ou les modifier. Qu'en résulte-t-il? Plus personne ne fixe dorénavant les standards de perfection pour notre vie. Plutôt, une personne peut chercher à comprendre les voies de Dieu et sa vision des choses, et ce n'est rien qui soit ni lourd ni accablant, car les Écritures déclarent : « Mon joug est doux, et mon fardeau léger. »

Tournez-vous vers Dieu pour trouver l'amour inconditionnel. Nous devons tous ouvrir notre cœur à l'amour inconditionnel de Dieu. Aucun de nous ne peut contenir tout l'amour que Dieu verse en nous, mais nous pouvons tous ouvrir davantage notre cœur pour en recevoir toujours plus.

Comment y arriver? Examinez ce que la Parole dit à propos de l'amour de Dieu. Lorsque vous lisez un passage biblique qui en parle, dites au Seigneur : « *Je sais que tu m'aimes exactement de cette façon. Aide-moi à toujours m'en souvenir, aide-moi à vivre selon cette vérité.* »

Demandez à Dieu de permettre que vous expérimentiez son amour de façon toute nouvelle. Ouvrez-lui votre cœur. Demandez-lui de vous parler et de vous faire sentir sa présence tout près de vous. Ainsi, vous apprendrez le contentement et vous aurez le cœur en paix.

Cherchez des amis qui aiment inconditionnellement. Si nous sommes pris dans un étau, cherchant à mériter un amour conditionnel, nous pouvons aussi chercher des gens qui savent aimer inconditionnellement. Je n'encourage pas une personne mariée à chercher de l'amour, de l'affection ou des relations sexuelles chez une personne du sexe opposé. Néanmoins, je recommande d'établir des amitiés profondes, durables, selon le cœur de Dieu, avec des conseillers ou avec des personnes du même sexe qui savent donner de l'amour inconditionnel.

Cherchez des gens qui vous acceptent comme vous êtes, qui vous voient comme un frère ou une sœur en Christ et qui vous aideront à devenir la personne que Dieu veut que vous soyez, sans toutefois mettre de la pression sur vous ni vous obliger à performer pour garder leur amitié. Cherchez des personnes à qui vous pouvez confier vos erreurs et vos échecs sans qu'elles vous critiquent, et qui voudront plutôt vous aider à trouver ce que Dieu désire pour vous et vous motiver à atteindre un niveau d'excellence morale et de maturité spirituelle supérieur à celui où vous vous tenez.

Il est possible que vous ne trouviez qu'un seul mentor ou qu'un seul ami de ce genre. C'est assez. Si vous pouvez créer autour de vous un cercle de ce genre d'amis, vous êtes très privilégié.

Par-dessus tout, prenez la décision d'aimer inconditionnellement en retour. Restez attaché à cet ami quoi qu'il arrive. Permettez-lui de vous dévoiler ses pensées et ses sentiments sans le juger. C'est en aimant inconditionnellement que nous le *sommes* en retour.

Conseil n° 2 : Déchargez tous vos soucis sur le Seigneur

En plus de recevoir l'amour inconditionnel de Dieu et des autres, vous devez décharger sans cesse *tous* vos soucis sur le Seigneur afin de vivre continuellement dans le contentement.

La Bible nous exhorte à décharger tous nos soucis sur Dieu, car il prend soin de nous (1 Pierre 5. 7). Comment peut-on lui remettre nos soucis ?

Priez. Premièrement, reconnaissons notre anxiété et avouons-lui que nous avons besoin de paix. Confessez tout péché qui pourrait être lié à votre anxiété. Dites au Seigneur : « J'ai besoin de ton aide, de ta présence, de ton réconfort et de ta provision. » Lorsque l'anxiété nous assaille, lever les yeux vers le ciel et crier *Père!* devrait être notre première réaction.

Jésus priait fréquemment le Père. Les Évangiles révèlent qu'il se retirait souvent avant l'aube pour prier seul (Marc 1. 35).

En priant, nous détournons notre attention des problèmes pour la fixer sur celui qui peut nous donner une réponse, nous fournir une solution et nous indiquer le prochain pas à faire. La prière déplace l'attention qui était sur nous – sur notre douleur et notre confusion – vers le Père tout-puissant et aimant qui connaît et dirige toutes choses.

Je trouve qu'il est très intéressant que nous soyons fortement incités à faire connaître nos requêtes à Dieu. En effet, les Écritures nous encouragent à venir avec assurance remettre nos requêtes spécifiques à notre Père céleste : « Approchons-nous donc avec assurance du trône de la grâce afin d'obtenir miséricorde et de trouver grâce, pour être secourus dans nos besoins » (Hébreux 4. 16). La Bible nous enseigne aussi : « Nous avons auprès de lui cette assurance, que si nous demandons quelque chose selon sa volonté, il nous écoute. Et si nous savons qu'il nous écoute, quelque chose que nous demandions, nous savons que nous possédons la chose que nous lui avons demandée » (1 Jean 5. 14, 15).

La Parole nous incite aussi à prier en offrant des actions de grâces, qui détournent notre esprit de nos problèmes pour qu'il se concentre sur celui qui peut les régler. Si nous rendons grâces à voix haute, nos oreilles et notre esprit entendent ce que nous déclarons sur la puissance de Dieu qui peut nous protéger, nous préserver et pourvoir à nos besoins. Notre foi prend donc vie. Et nous sommes liés en

Et nous sommes liés en esprit à celui qui possède toutes les réponses, toutes les solutions, toutes les provisions et toutes les bénédictions.

esprit à celui qui possède toutes les réponses, toutes les solutions, toutes les provisions et toutes les bénédictions. Notre attention se porte sur le Dieu qui sauve, délivre, guérit, rachète, restaure et multiplie.

Les actions de grâces et les louanges procurent une profonde assurance qui produit une paix dans le cœur.

Remercions le Dieu qui nous donne la paix, car il a toute la puissance pour résoudre tous nos problèmes, toute la sagesse pour connaître ce qui est bon pour nous, toute la miséricorde pour pardonner, tout l'amour nécessaire pour produire ce qui est le mieux pour nous et le plus grand désir de vaincre l'ennemi qui s'acharne à nous voler, à nous détruire et à nous anéantir.

Louons Dieu pour qui il est – le Sauveur, le Rédempteur, le Victorieux, le Guérisseur, le Libérateur, le Conseiller et bien d'autres attributs que mentionne l'ensemble des Écritures.

La gratitude et la louange ont une importance majeure dans le processus qui mène au contentement intérieur; rien ne peut les remplacer.

Rendez grâces au Seigneur plusieurs fois par jour pour tout ce qu'il a déjà accompli et pour ce qu'il fait pour vous *en ce moment*.

Louez Dieu et rendez-lui grâces par la foi. Nos requêtes, nos actions de grâces et nos louanges doivent baigner dans la foi. En effet, nous devons croire que Dieu est puissant et qu'il règne sur toutes choses. De surcroît, nous devons vraiment croire qu'il désire notre bien éternel. Enfin, nous devons être certains qu'il est notre secours dans la détresse.

Dès que nous n'avons qu'un aperçu limité de la nature de Dieu, de sa puissance et de son immense désir d'exercer sa toute-puissance, de manifester sa présence et de pourvoir à nos besoins, nous ne pouvons que sentir la foi et l'espoir jaillir en nous et produire une paix durable.

Il y a de nombreuses années, j'accompagnai dans la salle d'attente d'un hôpital une femme qui fréquentait l'église où j'étais pasteur. Son mari y subissait une intervention chirurgicale importante. Elle me dit qu'elle faisait confiance à Dieu et me demanda de prier avec elle. Je suggérai qu'elle prie d'abord et moi ensuite. Elle commença donc, et plus elle priait, plus elle s'affolait et plus elle parlait fort. Sa prière fut vite remplie d'anxiété et de désespoir.

Quand je m'agenouillai au pied de la chaise près d'elle, je pensai : *Ce n'était pas une prière de foi, mais une prière remplie de peur.* Toute l'attention de la femme portait sur son mari et sur l'opération. En aucun moment, son attention ne s'est portée sur Dieu, le Grand Médecin, Dieu le Guérisseur, Dieu le Restaurateur ou Dieu qui prend souverainement soin de toutes choses. Je parlai à la dame pendant que nous étions à genoux en train de prier. En fait, j'interrompis sa prière en disant : « Madame, nous devons nous concentrer sur ce que Dieu peut faire dans la salle d'opération. Nous devons porter toute notre attention sur qui il est et sur ce qu'il est capable de faire. »

Elle arrêta net. Je pense qu'elle fut d'abord très surprise que j'interrompe sa prière, mais je ne pouvais pas m'engager sur la route qu'elle avait prise. Je commençai à prier à mon tour, et elle se mit à pleurer. Je louai Dieu pour son grand amour envers la dame et son mari, pour son autorité absolue sur tout ce qui se passait dans cet hôpital, pour sa sagesse qui pouvait se manifester dans chacun des gestes du chirurgien, pour ses tendres soins envers cette femme et sa famille depuis des années. Quand je dis *amen*, je vis dans les yeux de la dame la paix de Dieu qui avait remplacé la grande panique qui s'y lisait à peine quelques minutes auparavant.

J'encourageai ensuite ma compagne : « Maintenant, parlons de Dieu. Racontons qui il est. Rappelons-nous comment il a pourvu à vos besoins et à ceux de votre mari, comment il a protégé votre famille toute votre vie. Parlons de notre Seigneur, qui est notre Sauveur, et du Saint-Esprit, qui nous remplit et nous dirige à chacun de nos pas. »

Plus nous parlions de Jésus, plus la paix grandissait en elle.

Je crois qu'il en est de même pour vous. Plus vous vous concentrerez sur Jésus, plus vous serez en paix.

Peu importe nos requêtes...

Peu importe nos actions de grâces...

Peu importe nos louanges...

Nous devons les exprimer par la *foi*.

Nous devons sincèrement croire que le Seigneur est digne de toutes nos actions de grâces et de toutes nos louanges.

Nous devons réellement croire qu'il peut gérer toutes choses selon l'ampleur de son plan et de son but pour nous.

Formulez vos requêtes selon sa volonté, qui est clairement exprimée dans sa Parole. Toutes les promesses, toutes les provisions et tous les principes des Écritures sont pour nous, aujourd'hui, autant qu'ils étaient pour les croyants aux temps bibliques.

Demandez avec audace et assurance, puisque vous êtes en relation avec Christ.

Faites connaître vos besoins à Dieu en croyant qu'il entend et qu'il répond à toutes les prières en fonction de notre bien éternel et de son plan (Jacques 1. 6, 7).

Priez en sachant que la réponse de Dieu sera toujours directe, arrivera toujours au moment opportun et témoignera toujours de son amour infini.

Conseil n° 3 : Continuez à vous nourrir de la Parole

Une des grandes bénédictions que Dieu m'a accordée comme pasteur est de prêcher régulièrement. Cette tâche m'a forcé à m'attacher à la Parole, même dans les temps difficiles. Rien ne vaut la lecture quotidienne de la Parole pour nourrir votre âme, de la même façon que les aliments nourrissent votre corps. La Bible est le moyen par excellence par lequel Dieu peut vous parler chaque jour. C'est ainsi qu'il vous livre son message – ses directives, ses opinions, son conseil, ses mots d'amour et de réconfort, ses remontrances constructives et ses commandements.

Croyez-moi, lorsque vous lisez et méditez les Écritures, Dieu s'exprime de manière à ce que vous sachiez que c'est lui qui parle.

Quand les crises vous surprennent, rappelez-vous les promesses de la Parole. Si vous les ignorez, commencez dès maintenant à lire la Bible, à souligner ou surligner des versets et à les noter à la dernière page de votre Bible afin que vous puissiez vous y référer dès qu'une épreuve surviendra. Dieu désire être présent auprès de vous, pourvoir à vos besoins, vous protéger et faire concourir toute chose à votre bien.

Mémorisez la Parole, particulièrement les versets qui réconfortent votre cœur et qui lui donnent espoir. N'attendez pas la prochaine crise. Ayez en mémoire une banque de versets lorsqu'une crise se déclenchera pour que le Saint-Esprit dirige votre esprit vers la Parole, même sans votre Bible.

Dites au Seigneur : « Tu as dit... » et, après avoir récité le verset, concluez par : « Je sais que tu es toujours fidèle à ta Parole. Je crois que tu accompliras fidèlement ta Parole pour moi. »

Récitez les versets mémorisés. La Parole de Dieu dit : « La foi vient de ce qu'on entend, et ce qu'on entend vient de la parole de Dieu » (Romains 10. 17). Je crois fermement que notre capacité de marcher par la foi, de garder espoir et d'être en paix dans les temps difficiles est directement liée à notre connaissance de la Parole de Dieu.

Jésus citait les Écritures en enseignant, en prêchant et surtout en résistant aux tentations du diable. Il précédait souvent ses remarques de : « Il est écrit [...] » et il rappelait souvent à ses disciples la vérité des Écritures en leur demandant : « N'avez-vous pas entendu? » ou « N'avez-vous pas lu? » (Matthieu 4).

Récitez la Parole de Dieu plusieurs fois au cours de la journée pour que la vérité qui vous concerne s'enracine dans votre esprit – la vérité à propos de qui Dieu est, de qui nous sommes, de la relation qu'il désire entretenir avec nous et de celles qu'il veut que nous établissions avec les autres.

Conseil n° 4 : Gérez vos pensées

Vous pouvez maîtriser vos pensées. Vous, et vous seul, avez la capacité et la responsabilité de *choisir* ce sur quoi portera votre pensée.

Si cela exige que vous changiez de pièce afin de vous éloigner de l'effervescence produite par les autres et d'être en mesure de parler à Dieu à voix haute, faites-le.

Si vous avez besoin de dire à la personne à l'autre bout du fil : « Je te rappelle dans quelques minutes. Pour l'instant, j'ai besoin de prier à propos de cela », dites-le, puis raccrochez et prenez la direction de vos pensées pour être capable de parler avec foi lorsque vous rappellerez votre interlocuteur.

S'il vous faut éliminer les éléments perturbateurs autour de vous – le film d'horreur à la télé, la musique forte, les bruits qui vous déconcentrent – eh bien, faites-le.

Bien nombreux sont les gens qui *réagissent* à tout ce qui se passe autour d'eux. Normalement, les réactions proviennent en premier lieu des émotions, qui, elles, lors de crises majeures, génèrent des pensées qui s'entremêlent avec nos émotions souvent négatives, comme la peur et le doute. Face à des circonstances très négatives, d'autres personnes sont paralysées par la confusion, la tension et l'agitation. Aucune de ces réactions ne correspond au désir de Dieu à notre égard!

Dieu nous appelle à *prendre des décisions* et non à simplement réagir à la vie. Bien sûr, nous pouvons réagir à une crise pendant quelques instants, mais nous devons aussitôt maîtriser nos pensées en nous disant *Ne panique pas. Dieu est souverain!* Si vous avez demandé de l'aide à Dieu dès le début de l'épreuve, que vous l'avez loué et que vous lui avez rendu grâces par la foi, vous devez ordonner à votre esprit et à votre cœur : *Crois! Aie confiance!*

Parfois, vous vous rendez compte que vous devez *faire des efforts* pour penser à la bonté de Dieu. Concentrez-vous sur son amour inconditionnel pour vous et les gens qui sont impliqués dans la crise que vous vivez, sur sa puissance et sa souveraineté; sur ses oreilles et ses yeux attentifs nuit et jour.

*Dieu nous appelle à **prendre des décisions** et non à simplement réagir à la vie.*

Rappelez-vous que plus vous pensez à Dieu, moins vous songez à votre problème.

Refusez de sombrer dans l'apitoiement ou dans la dépression. Choisissez plutôt de considérer les bras de Dieu qui vous entourent et qui vous placent en un lieu sûr et paisible, où sera la provision.

Gardez les yeux fixés sur le Seigneur

Tout ce que j'ai mentionné jusqu'à présent vise une vérité centrale : si vous voulez une vie de contentement, elle doit être totalement centrée sur le Seigneur Jésus-Christ.

Durant de courtes périodes, une certaine situation ou un problème particulier m'empêchait de dormir; je tournais dans mon lit pendant des heures. Quand je n'arrivais pas à chasser la pensée d'une critique, d'une conversation ou d'un problème, j'ai découvert que la meilleure chose à faire était de m'agenouiller et de crier à Dieu : « Aide-moi à traverser cette épreuve. Aide-moi à fixer mes yeux sur toi et sur toi seul. »

Le sommeil vient lorsque je me concentre sur le Seigneur, sur la façon dont il veut que je voie la situation et la manière dont il veut que j'y réponde. Par contre, il m'est difficile de trouver le sommeil si je médite sur ce que les gens m'ont dit, ce qui pourrait arriver ou les difficultés futures. Le choix est très clair : penser au Seigneur, à son abondante provision, à sa protection et à son amour, ou bien vous concentrer sur les gens et les circonstances qui tentent de dérober votre provision, de détruire votre vie ou de déverser leur haine sur vous.

Penser au Seigneur procure la paix, alors que souvent, méditer sur toute autre chose mène tout droit à l'anxiété, à la peur et à l'inquiétude. Il est important de voir que le Seigneur est avec vous en ce moment dans la situation que vous vivez. Trop de gens croient que Dieu est loin, assis quelque part au ciel. D'autres le voient dans leur lointain futur lorsqu'ils seront plus âgés ou à deux doigts de la mort. Ils ne réalisent pas que Dieu est disponible et accessible à l'instant. En réalité, il est avec nous à chaque moment, tous les jours de notre vie.

Voyez le Seigneur marcher paisiblement avec vous. La mer de Galilée est l'endroit le plus paisible que je connaisse. Il y a de nombreuses années, alors que j'étais au bord de cette mer, il me semblait que ce lieu était la paix et la tranquillité mêmes.

De nos jours, la plupart des gens ne considèrent probablement pas que cette région, située à peu de kilomètres de la Syrie et du Liban, est paisible. Ils croient qu'Israël est un point chaud où la paix est à peu près absente.

Pourtant, j'ai ressenti une grande paix là-bas. Comment est-ce possible? J'y ai senti la présence du Seigneur. J'étais conscient de l'immense puissance de Dieu et de son autorité sur ma vie.

Il m'est très facile de fermer les yeux et de voir le Seigneur marcher avec moi le long de la mer de Galilée. Je crois qu'il m'est facile et bénéfique d'imaginer que le Seigneur marche près de moi dans de nombreux sites naturels aux États-Unis et ailleurs dans le monde. J'aime me promener sur la plage au bord d'un océan, écouter le rythme des vagues et sentir le sable sous mes pieds.

J'aime voyager dans un petit avion où je suis l'unique passager. Dès que l'appareil quitte le sol, j'oublie le son des moteurs, je relaxe dans une paix parfaite, loin des soucis, du travail, des responsabilités, de la pression et du téléphone.

J'apprécie par-dessus tout les randonnées et l'équitation en montagne. La tranquillité et la solitude des hauteurs me fascinent. Pas de pollution, ni de bruit ni rien fait de main d'homme, seulement un calme indicible. La nuit, les étoiles sont si près que vous pourriez presque les remuer avec une cuillère.

Ces *endroits* ne peuvent procurer la paix, c'est la conscience de la présence de Dieu, là, qui me la donne. Quand je marche seul dans les montagnes, dans une prairie ou aux abords d'un lac entouré de sommets, je suis habité du fort sentiment : « Seigneur, tu es le seul à savoir où je suis. Mais tu le sais, tu me connais, tu sais où je suis... et je te connais. »

Dans les moments difficiles, il m'est nécessaire de saisir à nouveau cette conscience de la présence de Dieu, d'en être submergé, de la voir avec des yeux spirituels.

Que votre vie soit centrée sur Christ. Une personne centrée sur elle-même réfléchit de la façon suivante : « Mes besoins doivent être comblés; mes désirs, assouvis; mes idées, réalisées. » Ce type de personne parle sans arrêt de sa carrière, de ses accomplissements, de ses récompenses, de sa voiture, de sa maison, de ses vêtements, de ses vacances, de son plaisir... Ses meilleurs amis sont *je*, *me* et *moi*. De plus, ces personnes sont souvent insensibles aux autres et manipulent les gens comme les situations. Elles croient que le monde *devrait* tourner autour d'elles.

À l'opposé, une personne centrée sur Christ parle ainsi : « Je veux ce que Christ veut; je désire ce qui lui plaît. »

Ce principe s'applique à vous et à votre relation avec Christ. Vous devrez mettre de côté vos ambitions personnelles, vos désirs, votre temps, vos ressources matérielles et financières, et votre énergie pour établir une relation profonde avec le Seigneur. Si votre relation avec lui est véritable, vous désirerez vous ouvrir et lui *donner* tous les aspects de votre vie.

Jésus a déclaré : « Donnez, et il vous sera donné : on versera dans votre sein une bonne mesure, serrée, secouée et qui déborde; car on vous mesurera avec la mesure dont vous vous serez servis » (Luc 6. 38). On croit souvent que ce verset ne fait référence qu'à l'argent et qu'aux biens matériels. Mais Jésus voulait dire beaucoup plus que cela, il parlait du don de *soi* et de tout ce que vous êtes en mesure d'offrir : votre temps, vos talents, vos ressources, vos paroles d'encouragement, votre présence et vos prières. Les paroles de Jésus s'appliquent à tout ce que vous pourriez donner à Dieu ou aux autres, en son nom.

De quelle glorieuse promesse Jésus accompagne-t-il le don. Lorsque vous donnez, vous recevrez en retour une bonne mesure, serrée, secouée et qui déborde. Vous recevrez en quantité surabondante; votre générosité déterminera l'abondance de ce que vous recevrez.

Montrez-moi une personne très généreuse envers ses amis, et je vous montrerai une personne riche en amitiés. Montrez-moi une personne qui donne généreusement son temps, et je vous montrerai une personne qui n'est jamais seule dans les moments difficiles.

Montrez-moi une personne qui ne peut jamais donner assez d'elle-même pour le ministère spécifique auquel Dieu l'a appelée, et je vous montrerai une personne animée d'un sens aigu de ce qu'est l'accomplissement et de ce que signifie se fixer des buts.

La personne qui ne donne pas ne reçoit pas non plus; elle ne connaît pas la paix.

Mon ami, Jésus est la source du contentement. Si, par la foi, vous entrez dans une relation personnelle avec Jésus, vous connaîtrez la paix.

MEMBRE DU GROUPE SCABRINI

Québec, Canada
2006